解读新时代中国外交理念

张清敏　主编

五洲传播出版社

图书在版编目（CIP）数据

解读新时代中国外交理念 / 张清敏主编 . -- 北京 ：五洲传播出版社，2019.5
ISBN 978-7-5085-4142-6

Ⅰ . ①解… Ⅱ . ①张… Ⅲ . ①外交 - 研究 - 中国 Ⅳ . ① D82

中国版本图书馆 CIP 数据核字 (2019) 第 050347 号

解读新时代中国外交理念

主　　编：张清敏
出 版 人：荆孝敏
责任编辑：宋博雅
图片提供：中新社
封面设计：北京澜天文化传媒有限公司
内文制作：北京优品地带文化发展有限公司
出版发行：五洲传播出版社
地　　址：北京市北三环中路 31 号生产力大楼 B 座 6 层
邮　　编：100088
发行电话：010-82005927，010-82007837
网　　址：http://www.cicc.org.cn http://www.thatsbooks.com
印　　刷：北京市房山腾龙印刷厂
版　　次：2020 年 1 月第 1 版第 1 次印刷
开　　本：710 毫米 ×1000 毫米　1/16
印　　张：11.25
字　　数：153 千字
定　　价：78.00 元

目　录

高层解读

专家探析

高层解读

不断把人类和平与发展的崇高事业推向前进[*]

杨洁篪

习近平总书记在庆祝中国共产党成立 95 周年大会上发表重要讲话，全面回顾了我们党 95 年来的奋斗历程，系统总结了党的伟大历史贡献，深刻阐明了党的执政理念和执政方略，并以“不忘初心、继续前进”为主题从八个方面向全党发出了伟大号召，指明了前进方向。关于我国的外交工作，习近平总书记强调，坚持不忘初心、继续前进，就要始终不渝走和平发展道路，始终不渝奉行互利共赢的开放战略，加强同各国的友好往来，同各国人民一道，不断把人类和平与发展的崇高事业推向前进。这是以习近平同志为总书记的党中央准确把握国际风云变幻和中国发展大势，从维护和促进中国人民和世界各国人民的共同利益出发，为新时期中国外交确定的重要行动纲领，对我们进一步明确中国外交的前进方向、不断开创外交工作新局面、积极推进人类和平与发展事业具有十分重大的指导意义。

一

习近平总书记指出，为人类不断作出新的更大的贡献，是中国共产党和中国人民早就作出的庄严承诺。中国共产党和中国人民从苦难中走过来，深知和平的珍贵、发展的价值，把促进世界和平与发展视为自己的神圣职责。经过 28 年的浴血奋战，中国共产党团结带领全

* 原文发表于《求是》2016 年第 18 期。

1986 年，英国女王伊丽莎白二世游览故宫。

国人民打败日本帝国主义，推翻国民党反动统治，完成新民主主义革命，建立了中华人民共和国。新中国的成立不仅实现了中国从几千年封建专制政治向人民民主的伟大飞跃，而且有力推动和壮大了世界和平、民主与发展的力量，显著改变了国际政治格局，世界历史从此迈进了新纪元。

新中国成立后，中国共产党确立了独立自主的和平外交政策。中国大力倡导和平共处五项原则，全面发展同各国的友好交往和互利合作，开启了建立新型国际关系的历史进程。中国积极推动和平解决国际冲突和争端，支持被压迫民族的解放事业，坚决反对帝国主义、霸权主义、殖民主义和种族主义，坚定同发展中国家站在一起，维护发展中国家权益，主持国际公道和正义。中国的和平外交政策赢得广泛的国际支持和友谊，也有力促进了国际局势的总体缓和与稳定。

上世纪 70 年代末，中国开启改革开放的伟大进程。邓小平同志作出和平与发展是当代世界的两大问题的重大判断，党和国家工作中心转移到经济建设上来，中国外交将服务国内经济建设作为中心任务，积极推进全方位、多层次、宽领域的对外交往与合作。中国同发达国家关系全面发展，同周边国家睦邻友好不断深化，同发展中国家传统友谊更加巩固，积极开展多边外交，在国际事务中发挥了重要建设性作用。进入21世纪，中国两次发表关于和平发展的白皮书，向世界郑重宣示，中国始终不渝走和平发展道路，在坚持自己和平发展的同时，致力于维护世界和平，积极促进各国共同发展繁荣。中国和平外交政策为国内改革开放和现代化建设营造了良好的外部环境，也为人类和平与发展事业不断向前推进作出了积极贡献。

二

党的十八大以来，以习近平同志为总书记的党中央紧紧围绕实现“两个一百年”奋斗目标，提出中华民族伟大复兴的中国梦，进一步丰富和发展了和平发展理念，创新了和平发展外交思想和实践。习近平总书记指出，中国梦是和平、发展、合作、共赢的梦，与世界各国人民的美好梦想息息相通。中国外交秉承维护世界和平、促进共同发展的宗旨，积极做世界和平的建设者、全球发展的贡献者、国际秩序的维护者，努力扩大同各国的利益交汇点，推动构建以合作共赢为核心的新型国际关系，积极打造人类命运共同体，为促进世界持久和平与共同繁荣作出了重要独特贡献。

高举和平发展的旗帜，积极参与和推进国际秩序变革和全球治理进程。成功举办中国人民抗日战争暨世界反法西斯战争胜利70周年纪念活动，发出坚定维护二战胜利成果、坚定维护世界和平的时代强音。倡导共同、综合、合作、可持续的安全观，为和平解决伊朗核、朝鲜半岛核、阿富汗、叙利亚、南苏丹等热点问题作出积极贡献。主办北京亚太经合组织领导人非正式会议，启动亚太自贸区建设。巩固

2018 年 11 月 17 日至 18 日，亚太经合组织（APEC）第二十六次领导人非正式会议在巴布亚新几内亚首都莫尔兹比港举行。图为港口旁的小市场内，商贩在等待顾客光临。

提升二十国集团作为全球经济治理主要平台的作用，倡导并推动建立亚洲基础设施投资银行、金砖国家新开发银行等。参与制定联合国 2030 年可持续发展议程，推进气候首脑外交和气候变化巴黎大会，参与联合国维和行动，支持国际反恐合作，积极应对重大疾病和自然灾害等全球性挑战。

扎实推进“一带一路”建设，促进地区各国互联互通和共同发展。发布《推动共建丝绸之路经济带和 21 世纪海上丝绸之路的愿景与行动》文件，秉持“共商、共建、共享”的原则，加紧与沿线国家发展战略对接，推动“一带一路”建设取得一系列重要成果。目前已经有 100 多个国家和国际组织参与其中，同 30 多个沿线国家签署了共建“一带一路”合作协议、同 20 多个国家开展国际产能合作，一批有影响力的标志性项目逐步落地。“一带一路”建设从无到有、由点及面，进度和成果超出预期，为亚、欧、非地区发展注入新活力，为世界经济复苏增添新动力，已经并将继续产生积极而深远的国际影响。

推动与各大国关系全面均衡发展，为世界和平发展提供稳定基础和战略保障。中美新型大国关系建设不断取得进展，两国元首多次成功会晤，扩大共识、管控分歧、推进合作，引领并推动两国关系稳定健康发展。中俄全面战略协作伙伴关系保持在高水平运行，战略项目合作取得突破性进展，在重大国际和地区问题上密切协调配合。中欧致力于打造和平、增长、改革、文明四大伙伴关系，多领域合作全面深入发展。

深化睦邻友好合作，为我国和周边地区和平稳定发展营造有利环境。践行“亲诚惠容”理念，推进与东南亚国家关系，促进东北亚地区和平与稳定，同时妥善处理南海、东海等问题，坚定维护我国领土主权和海洋权益。巩固同中亚国家关系良好发展势头，推进与南亚国

2017 年 10 月 25 日，“一带一路”中国・非洲产能合作对接会暨坦桑尼亚滨海省项目招商推介会在北京举办。

家友好合作。倡导开放包容、求同存异的地区精神，推动各种区域合作机制相互补充、相互促进、相得益彰。

2018 年 11 月 9 日，第二轮中美外交安全对话在美国华盛顿举行。图为中共中央政治局委员、中央外事工作委员会办公室主任杨洁篪出席会后举行的记者会。

加强同发展中国家团结合作，巩固壮大和平发展的积极力量。增进与发展中大国的协调与合作，金砖国家合作机制迈出新步伐。提出“真实亲诚”对非工作方针和中非“十大合作计划”倡议，开创中非关系新局面。建立平等互利、共同发展的中拉全面合作伙伴关系，创立中国－拉共体论坛，中拉合作水平进一步提升。提出中阿共建“一带一路”、打造“1+2+3”合作新格局倡议，推动中阿合作进入新阶段。

积极开展党际外交，交流治国理政经验与和平发展理念。坚持以“独立自主、完全平等、相互尊重、互不干涉内部事务”四项原则为基础，同各国各地区政党和政治组织开展交流合作，促进国家间的友好合作。秉承与各国共同和平发展的理念，同亚洲、欧洲、阿拉伯国家等政党进行多种形式对话，有效增进各国政党对中国和中国共产党了解，积极打造政党外交、公共外交和民间外交有机结合的工作新格局。

党的十八大以来的外交实践表明，中国坚持走和平发展道路决心更大，方向更明，步伐更加坚定。中国和平发展理念更加深入人心，对世界和平发展的贡献更加突出，在国际上得到更广泛的认同。中国外交展现出更加鲜明的中国特色、中国风格、中国气派。

三

习近平总书记指出，中国走和平发展道路，不是权宜之计，更不是外交辞令，而是从历史、现实、未来的客观判断中得出的结论，是思想自信和实践自觉的有机统一。党的十八大以来，以习近平同志为总书记的党中央坚持推进外交思想和理论创新，不断深化对和平发展道路的规律性认识，丰富和发展和平发展道路的理论内涵，更加坚定走和平发展道路的自觉自信，为不断开创中国外交新局面提供了强大思想武器和有力理论保障。

坚持以打造人类命运共同体作为和平发展的崇高目标。习近平总书记指出，人类生活在同一个地球村，国际社会日益成为一个你中有我、我中有你的命运共同体。世界各国需要以负责任的精神同舟共济、协调行动。在联合国讲台上，习近平总书记阐释了打造人类命运共同

2018 年 11 月 21 日，以“‘一带一路’连中巴，合作共赢谋发展”为主题的中巴友好故事会及系列文化展演活动在巴拿马首都巴拿马城举行。图为两国少年表演花样极速跳绳。

2018 年 12 月 27 日，中国国防部新闻发言人吴谦在国防部例行记者会上表示，中方愿与美方一道，坚持以两国元首的重要共识为指引，做大中美共同利益的蛋糕，妥处矛盾分歧，管控风险挑战，把握两军相互尊重、合作共赢的大方向，发挥好两军关系在两国关系中的稳定器作用。

体的总布局和总路径，强调中国将始终做世界和平的建设者，坚定走和平发展道路，无论国际形势如何变化，无论自身如何发展，中国永不称霸、永不扩张、永不谋求势力范围。

坚持以合作共赢作为和平发展的核心理念。习近平总书记提出，我们要坚持合作共赢，推动建立以合作共赢为核心的新型国际关系，坚持互利共赢的开放战略，把合作共赢理念体现到政治、经济、安全、文化等对外合作的方方面面。积极树立双赢、多赢、共赢的新理念，摒弃你输我赢、赢者通吃的旧思维。今天的人类比以往任何时候都更有条件共同朝着和平与发展的目标迈进。中国主张各国人民同心协力，变压力为动力，化危机为生机，以合作取代对抗，以共赢取代独占。

坚持以对外开放作为和平发展的重要路径。习近平总书记指出，开放带来进步，封闭导致落后，这已为世界和中国发展实践所证明。中国将坚持打开国门搞建设，在“一带一路”等重大国际合作项目中创造更全面、更深入、更多元的对外开放格局。中国发展得益于国际社会，愿意以自己的发展为国际发展作出贡献。中国对外开放不是要一家唱独角戏，而是要欢迎各方共同参与；不是要谋求势力范围，而是要支持各国共同发展；不是要营造自己的后花园，而是要建设各国共享的百花园。

坚持以推进全球治理作为和平发展的基本要求。习近平总书记指出，世界上的事情越来越需要各国共同商量着办，建立国际机制、遵守国际规则、追求国际正义成为多数国家的共识。什么样的国际秩序和全球治理体系对世界好、对世界各国人民好，要由各国人民商量，不能由一家说了算，不能由少数人说了算。中国是现行国际体系的参与者、建设者、贡献者。中国将努力为完善全球治理贡献中国智慧，

2016 年 1 月 16 日，亚洲基础设施投资银行开业仪式在北京举行，中国国家主席习近平为亚投行标志物揭幕。

同世界各国人民一道，推动国际秩序和全球治理体系朝着更加公正合理方向发展。

坚持以维护国家核心利益作为和平发展的原则底线。习近平总书记指出，中国不觊觎他国权益，不嫉妒他国发展，但决不放弃我们的正当权益。中国人民不信邪也不怕邪，不惹事也不怕事，任何外国不要指望我们会拿自己的核心利益做交易，不要指望我们会吞下损害我国主权、安全、发展利益的苦果。中国走和平发展道路，其他国家也都要走和平发展道路，只有各国都走和平发展道路，各国才能共同发展，国与国才能和平相处。

习近平总书记的重要宣示和阐述，既鼓舞了中国人民继续走和平发展道路的坚定信念，又增进了世界各国人民对人类共同和平发展的坚定信心。这一系列外交思想和理论创新，构成了十八大以来我们党治国理念和执政方略的重要组成部分，有力推动了中国特色社会主义理论体系的丰富和发展。

四

未来一个时期，经济全球化和世界多极化将进一步深入发展，和平、发展、合作、共赢的时代潮流更加强劲，同时国际形势将继续深刻复杂演变，国内改革发展任务也艰巨繁重。我们要继续高举和平发展的旗帜，不断开拓进取，更加积极有为，维护和促进世界的和平、稳定与发展，更好地造福中国人民和世界各国人民。

我们要积极落实二十国集团领导人杭州峰会重要成果，继续大力推动完善全球经济治理体系。二十国集团领导人杭州峰会发表了具有里程碑意义的《二十国集团领导人杭州峰会公报》和 28 份具体成果文件。会议取得圆满成功，取得重大成果。要积极落实和推进杭州峰会各项成果，促进世界经济强劲、可持续、平衡、包容增长，充分发

2016 年 9 月 4 日，二十国集团领导人杭州峰会举行。中国国家主席习近平同与会领导人合影。

挥二十国集团国际经济合作主要论坛作用，推动二十国集团进一步从危机应对机制向长效治理机制转型，从侧重短期政策向短中长期政策并重转型。

我们要全力推进“一带一路”建设，积极引领对外经济合作方向。致力于构建互利合作网络、新型合作模式、多元合作平台，聚焦携手打造绿色、健康、智力、和平丝绸之路，统筹加快同沿线国家发展战略、发展优势、发展区位的三大对接，抓好重点项目、重大工程的推进落实，有力有序有效推进“一带一路”建设。加紧实施自贸区战略，推动构建区域经济一体化体系，积极防范和应对相关风险。

我们要切实推进大国协调与合作，努力构筑稳定的国际关系架构。进一步充实中美新型大国关系内涵，深化双边务实合作，加强国际沟通协调，有效管控分歧。深化中俄全面战略协作，加强相互支持和借重，增强在国际地区问题上的协调配合。加强中欧合作，扩大在全球治理及新兴领域的沟通交流。发挥我国的独特优势，做好发展中国家和发达国家之间的桥梁，形成广泛的合作伙伴关系网络。

我们要继续着力经略周边，引导打造良好的地区秩序。不断深化与周边国家的睦邻友好合作，大力倡导共同、综合、合作、可持续的安全观，继续推动以和平方式解决争端，坚定维护我国领土主权和海洋权益。发挥我国作为 2016 年至 2018 年亚洲相互协作与信任措施会议主席国的作用，加强亚信能力和机制建设。着手设计 2018 年我国出任上海合作组织峰会主席国工作，积极参与和引导上合组织发展。

我们要大力深化同发展中国家友好合作，不断夯实伙伴关系网络坚实基础。结合今年 10 月我国领导人赴印度参加金砖国家领导人会晤，以及明年我国主办金砖国家领导人第九次会晤，深化金砖国家政治互信和互利合作，保持和提高机制凝聚力，共同维护新兴市场和发展中国家的整体利益。稳步推动联合国安理会改革，进一步增强发展中国家的代表性和发言权。

我们要扎实做好政策宣示和公共外交，进一步提升我国的国际话

2019 年 3 月 3 日，石家庄正定国际机场首条洲际正班客运航线石家庄—莫斯科航线正式开通，搭建起了河北省至“一带一路”沿线国家的空中开放发展大通道。图为机组人员自拍留念。

2019 年 1 月 31 日，中国外交部举行 2019 年新年招待会，外国驻华使节体验中国文化。

语权。深入宣介以合作共赢为核心的新型国际关系的深刻内涵，阐释我国“五位一体”总体布局、“四个全面”战略布局、“十三五”规划等重大方略。积极提出解决热点问题的新理念、新倡议、新方案，彰显负责任大国形象。坚定道路自信、理论自信、制度自信、文化自信，弘扬中华优秀传统文化，让“以和为贵”“和而不同”“天下大同”等理念在世界上生根发芽。

习近平总书记指出，今天，我们比历史上任何时期都更接近中华民族伟大复兴的目标，比历史上任何时期都更有信心、有能力实现这个目标。坚持和平发展，中国已经走出了一条成功之路，将继续坚定不移地走下去。让我们更加紧密地团结在以习近平同志为总书记的党中央周围，为实现中华民族伟大复兴的中国梦、为促进人类和平与发展的崇高事业作出更大贡献。

作者杨洁篪，中共中央政治局委员、中央外事工作委员会办公室主任。

构建以合作共赢为核心的新型国际关系*

王 毅

国际关系是一个常讲常新的话题。回顾民族国家产生以来的历史进程，人类始终在探索着国家间相处之道。

300 多年前，随着民族国家兴起，威斯特伐利亚体系在欧洲诞生。它确立了主权、平等这些重要原则，开创了近代国际关系的先河。但这一体系最终没能避免欧洲陷入群雄征战。

200 年前，维也纳体系应运而生，根据均势原则对拿破仑战争后的欧洲地缘政治版图重新做出安排，维持了欧洲较长时间的和平，但最终导致结盟对抗和军备竞赛，直至第一次世界大战的爆发。

数百年来的历史证明了这样一个道理：每一段国际关系的形成，每一个国际体系的建立，都带有鲜明的时代印记，也必须随着时代发展不断创新完善，否则就会跟不上时代脚步，甚至会失去它的先进性和合理性。

70 年前，在世界反法西斯战争胜利的硝烟中，各国携手创建了以联合国为核心、以《联合国宪章》的宗旨原则为基础的国际秩序和相应国际体系，这是人类文明的又一次巨大进步，为国际关系和国际体系建设翻开新的历史篇章。

70 年来，我们的世界总体保持了和平稳定，人类的发展事业更是取得了前所未有的进步。但《联合国宪章》的宗旨和原则并未得到完

---

* 本文为外交部长王毅在国务院发展研究中心主办的“中国发展高层论坛”第十六届年会午餐会上所作的演讲，2015 年 3 月 23 日。

全遵守，国际关系中各种不公正的现象依然时有发生。近年来，经济低迷、地缘动荡、恐怖危机、文明摩擦等各种乱象此起彼伏，现行国际秩序和体系面临新的挑战，有西方学者甚至惊呼，我们正在走进一个“失序的世界”。

70 年后的今天，我们有必要思考，在新的历史条件下，一个什么样的国际关系，才能更好地贯彻和落实《联合国宪章》的宗旨与原则，才能更有效维护和发展以联合国为核心的国际体系。近年来，有人提出“霸权稳定论”，主张打造一个无所不能的超级大国来统领国际事务；有人提出“全球治理论”，主张各国弱化主权，制定共同的规则来管理世界；有人提出“普世价值论”，主张推广某一种自认为“先进”的价值观和社会制度来一统天下。

2018 年 12 月 26 日，联合国教科文组织“非遗”项目热贡艺术所在地青海黄南藏族自治州同仁县举行仪式，邀中外游客开启青海藏乡“探秘之旅”。图为藏戏面具展示。

中国的方案是：构建以合作共赢为核心的新型国际关系。这是习近平主席总揽世界大势提出的一个重要理念，既是对《联合国宪章》宗旨原则的继承和弘扬，也是对传统国际关系理论的超越和创新，必将对未来国际关系发展产生重要和深远的影响。

2019 年 2 月 27 日，中国国务委员兼外交部长王毅和俄罗斯外长拉夫罗夫、印度外长斯瓦拉吉在浙江乌镇共同举行中俄印外长第十六次会晤。图为会晤前合影。

大家肯定要问，新型国际关系到底新在哪里？如果要用一句话来概括，那就是：以合作取代对抗，以共赢取代独占，不再搞零和博弈和赢者通吃那一套。

现在是全球化时代，国与国之间的相互依存空前紧密，利益共生不断深化，各国都在全球供应链、产业链、价值链的相互联系当中，任何一个环节出了问题，各方都会受到影响。同时，世界和平与发展面临的挑战越来越具有全局性、综合性和长远性，没有哪一国能够独善其身，也没有哪一国可以包打天下，需要各国同舟共济，携手共进。这是我们面对的国际关系的现实，也是提出构建新型国际关系的时代背景。

中国率先提出构建以合作共赢为核心的新型国际关系，不是偶然掉在我们头上的一个苹果，而是中华民族传统文化和新中国外交实践的厚积薄发，水到渠成。

中华文明蕴含着博大精深的立身处世之道，至今仍在滋养着中国

2014 年 3 月 19 日，山西太原，由 43 名军医组成的联合国维和医疗分队告别亲人与同事，开赴非洲利比里亚，执行维和医疗任务。

人的精神。如“己欲立而立人，己欲达而达人”的思想境界，“丈夫贵兼济，岂独善一身”的道德情怀，这些理念与基于人性本恶、物竞天择的西方政治哲学有着明显不同。

新中国成立以来，中国政府积极倡导和平共处五项原则，致力于与各国开展友好合作，既为自身建设添砖加瓦，也为别人发展雪中送炭。

40 多年前，5 万多名中华儿女来到茫茫非洲草原，用汗水和生命筑成 1860 多公里长的坦赞铁路，我们在自己最困难的时候，勒紧裤带帮助了一大批亚非拉发展中国家，为他们的民族独立和解放事业提供了无私的支持。

30 多年前，中国开始推行改革开放。我们把中国的市场和劳动力优势与发达国家的资金和技术优势结合起来，不断做大共同利益的蛋糕，践行互利共赢的理念，使中国在短短几十年内快速成长为全球

120 多个国家的最大贸易伙伴，为世界经济的稳定与发展作出了不可替代的重要贡献。

总之，中国人民从自身的经历中深深懂得，得道才能多助，合作才能共赢。今天，中国朋友遍天下，隔山距海不能限，中国外交更有信心践行合作共赢，更有能力行稳致远。

中国自身已经成功走出了一条和平发展的道路。现在，我们愿与各国一道，再走出一条合作共赢的新路。如何推进这一目标？习近平主席指出，我们要把合作共赢的理念体现到政治、经济、安全、文化等对外合作的方方面面。

——政治上，我们要树立建设伙伴关系的新思路。传统国际关系中经常看到的现象或是结盟，或是对抗。构建伙伴关系，就是要在上述两者之间走出一条“对话而不对抗，结伴而不结盟”的新路。就像习近平主席所讲的，国与国之间，志同道合是伙伴，求同存异也是伙伴。中国承认世界上仍然存在结盟政治的现实，尊重各国自主选择对外政策的权利，同时，我们更希望各方着眼时代发展潮流，探索构建不设假想敌、不针对第三方、更富包容性和建设性的伙伴关系。近年来，中国高举和平、发展、合作旗帜，秉持平等、包容和共赢的理念，努力构建全球伙伴关系网络，迄今已同 75 个国家、5 个地区或区域组织建立了不同形式的伙伴关系。

我们推动中美构建新型大国关系，双方更加注重战略沟通，更多聚焦务实合作，更好管控矛盾分歧，这既符合两国人民的利益，也有利于亚太和世界的安定。我们期待习近平主席今秋对美国的国事访问结出新的丰硕成果。我们保持中俄全面战略协作伙伴关系的高水平运行，两国重大合作项目续有进展，国际战略协作不断加强。我们将中欧关系提升为全面战略伙伴关系，致力于打造和平、增长、改革、文明四大伙伴关系。我们同新兴市场国家和发展中国家的团结协作不断增强，中非新型战略伙伴关系的内涵更加充实，中拉建立起平等互利、

2019 年 1 月 27 日，陕西省西安市，在新筑车站货场旁，首届中欧班列年货节正式开幕。

共同发展的全面合作伙伴关系。今天，我们可以自豪地说，我们的“朋友圈”越来越大，我们的伙伴越来越多。

——经济上，我们要开创共同发展的新前景。今年联合国将制定 2015 年后发展议程。千年发展目标提出 15 年来，基本实现了一半极端贫困人口脱贫的目标，但世界上还有十几亿人生活在极端贫困线以下。发展不平衡不是简单的经济问题，而是当今世界诸多矛盾热点的根源所在。我们主张，各国应真正树立起利益共同体意识，在共同发展中寻求各方利益的最大公约数。

正是秉持着这一理念，中国政府大力推动共建“一带一路”。“一带一路”既是对古代丝绸之路精神的传承发扬，又是有着巨大现实需求的合作构想，已经得到近 60 个国家的积极响应。“一带一路”以交通基础设施建设为重点和优先，契合亚欧大陆的实际需要。仅就亚洲而言，许多国家和地区的基础设施亟须升级改造，现有融资机构远远不能满足建设融资需求。有需求就意味着有机遇，潜力可以转化为动力。中国倡议成立注册资本1000亿美元的亚洲基础设施投资银行，可以说是正当其时，深受各国欢迎。随着最近一些域外发达国家纷纷申请加入，亚投行的创始成员国将更具代表性和广泛性。

我们愿同各方一道建好亚投行，用好丝路基金，发挥互联互通伙伴对话会等机制平台作用，建设富有生机活力的多条经济走廊。这些措施的实施，必将从陆上和海上两个方向，产生广阔辐射效应，缩小地区发展差距，推动地区热点降温，加快区域一体化进程。“一带一路”构想是中国向世界提供的公共产品，我们欢迎各国、国际组织、跨国公司、金融机构和非政府组织参与到具体的合作中来。

——安全上，我们要营造各国共享安全的新局面。今年是二战结束70周年，和平来之不易，维护和平尚需努力。我们应更积极运作

2016年1月6日，中国国务院总理李克强见证中国外交部、北京市政府分别与亚投行签署《中华人民共和国政府与亚洲基础设施投资银行总部协定》和《北京市人民政府与亚洲基础设施投资银行谅解备忘录》。

好《联合国宪章》确立的止战维和安全保障机制，更有效发挥好联合国及安理会的作用，提升预防冲突能力。我们要进一步摒弃一切形式的冷战思维，树立共同安全、合作安全、综合安全和可持续安全的观念，坚持通过对话协商和平解决国家间争端，反对动辄使用武力和以武力相威胁，走出一条各国共建、共享、共赢的安全之路。

中国积极参与了维护国际和平与安全的行动，在安理会常任理事国中派出维和人员最多，已经派出近 3 万人次参与联合国维和行动，不久前派遣的一支 700 人步兵营已经抵达南苏丹参与维和行动。我们以负责任的态度在亚丁湾和索马里海域开展护航，迄今已派出 19 批护航编队为 5800 多艘国际船舶保驾护航。

中国积极致力于维护地区稳定，推动打造地区安全对话合作平台。我们成功召开亚信峰会，并愿以上海合作组织和东亚合作框架为支撑，开展双多边防务安全交流合作。我们坚持通过和平方式处理领土主权

2018 年 10 月 18 日，中国－菲律宾南海问题双边磋商机制（BCM）第三次会议在北京举行。

2019 年 2 月 8 日晚，中国苏州交响乐团走进纽约联合国总部举办中国新年音乐会。图为中国常驻联合国代表马朝旭致辞。

和海洋权益争端，已经同 14 个邻国中的 12 个国家彻底解决了陆地边界问题。我们积极倡导处理南海问题“双轨思路”，即有关争议由直接当事国通过对话协商寻求和平解决，南海的和平稳定由中国和东盟国家共同维护，得到地区多数国家理解支持。我们参与打击恐怖主义、维护网络安全、抗击传染疾病等国际合作，在国际安全事务中发挥着负责任大国作用。

中国还在积极参与各种热点问题的斡旋调停，探索具有中国特色的可行之道。我们倡导并践行解决热点问题三原则，即坚持不干涉别国内政，反对强加于人；坚持客观公道，反对谋取私利；坚持政治解决，反对使用武力。我们坚定致力于朝鲜半岛和平稳定和无核化进程，成功主办阿富汗问题伊斯坦布尔进程第四次外长会，深度参与解决伊朗核问题谈判，围绕中东一系列热点问题开展特使穿梭外交，倡导举办了“支持伊加特南苏丹和平进程专门磋商”。我们运用自身的资源和优势，推动斡旋缅甸国内的民族和解进程，既有利于缅甸自身的长治久安，也有助于中缅边境地区的和平稳定。

中方在乌克兰问题上秉持客观公正立场，坚持尊重乌克兰的独立、主权和领土完整，反对任何外部势力干涉乌克兰的内部事务，主张乌克兰问题应以和平方式政治解决。我们认为，乌克兰危机的最终出路在于维护好两个平衡，即把握乌国内不同地区、不同民族利益诉求的平衡，把握同俄、欧两大邻居关系的平衡，使乌克兰成为东西方沟通的桥梁，而不是对抗的前哨。

——文化上，我们要形成不同文明包容互鉴的新气象。世界上有200多个国家和地区、2500多个民族和众多宗教，创造了丰富多彩的文明，每一种文明都是人类共同的宝藏。中华民族向来海纳百川，兼收并蓄，千百年来，儒家文化与道教、佛教以及伊斯兰教等不同文化和宗教，在中国大地上各得其所，和谐相处，这在世界上是相当少见的。中华文明的发展历程有力证明，不同文化、不同宗教完全可以做到“并育而不相害”，关键是要平等相待而不是居高临下，相互欣赏而不是相互贬损，彼此包容而不是相互排斥。

中国不仅是合作共赢的积极倡导者，更是合作共赢的切实践行者。建立以合作共赢为核心的新型国际关系，是为了各国和各国人民共享平等尊严，共享发展成果，共享安全保障。中国外交将继续立足国情与世情，从中国与世界各国人民根本利益出发，使和平发展道路越走越顺畅，让合作共赢理念越来越深入人心。

作者王毅，中华人民共和国国务委员兼外交部长。

新时期中国共产党的对外工作思想 *

宋　涛

中共十八大以来，以习近平同志为核心的党中央团结带领全国各族人民朝着实现中华民族伟大复兴的中国梦奋勇前进，开创了党和国家事业发展新局面，取得了举世瞩目的巨大成就。党的对外工作是党和国家工作全局的重要组成部分。以习近平同志为核心的党中央在深刻总结党的对外工作历史经验基础上，坚定维护党的执政地位和中国特色社会主义制度，牢牢把握坚持和平发展、促进民族复兴这条主线，紧紧围绕我们需要一个什么样的中国与世界的关系以及如何推动构建

2018 年 10 月 12 日，中国海军和平方舟医院船抵达罗索港，开始对多米尼克进行为期 8 天的友好访问。

---

* 原题为《深入学习贯彻习近平总书记党的对外工作重要思想》，发表于《求是》2017 年第 7 期。

这种关系这个主题，统筹国内国际两个大局和发展安全两件大事，将“以天下为己任”的中华文化价值追求与“以人民为中心”的马克思主义理论品质联系起来，将中国人民根本利益与全人类共同利益结合起来，将坚持目标导向和突出问题导向统一起来，顺应时代潮流，把握世界大势，作出了关于党的对外工作的一系列重大论断，开展了丰富多彩的党的对外工作实践，初步形成了习近平总书记党的对外工作重要思想，阐明了新时期党的对外工作的形势任务、目标原则、思想方法等重大问题，内涵丰富、博大精深，是指引党的对外工作不断取得新进展新突破的强大思想武器。

一

习近平总书记党的对外工作重要思想以习近平总书记对党的对外工作的科学论断为主体，融会贯通了习近平总书记对党和国家工作全局的深刻阐述、习近平总书记外交思想、习近平总书记关于党的建设重要思想，构成了系统完整的科学理论体系。习近平总书记这一重大理论贡献，坚持辩证唯物主义与历史唯物主义的世界观和方法论，深深植根于中国几千年优秀传统文化土壤，是我们党对外工作理论和实践创新的重大进展，是中国特色社会主义理论体系的重要组成部分，是马克思主义中国化的最新成果。

准确把握党的对外工作的时代背景。面对错综复杂的国际形势，习近平总书记对世界发展大势、我国所处历史方位和党的重大使命作出一系列准确判断。他指出，当前国际体系和国际秩序深度调整，和平、发展、合作、共赢成为时代潮流，国际社会日益成为你中有我、我中有你的命运共同体。我们前所未有地靠近世界舞台中心，前所未有地接近实现中华民族伟大复兴的中国梦，前所未有地具有实现这个目标的能力和信心。我们正在进行具有许多新的历史特点的伟大斗争，

截至 2019 年 3 月，广西南宁经中国人民对外友好协会批准的国际友好城市数量已达到 23 对。图为南宁 2018 年举办第十五届中国 – 东盟博览会场景。

党肩负着历史重任、经受着时代考验，要使我们党在世界形势深刻变化的历史进程中始终走在时代前列，在应对国内外各种风险和考验的历史进程中始终成为全国人民的主心骨，在坚持和发展中国特色社会主义的历史进程中始终成为坚强领导核心。习近平总书记对当今时代特征的科学论断，为我们做好新时期党的对外工作提供了重要前提。

明确提出党的对外工作的宗旨任务。习近平总书记反复强调，坚持中国共产党领导，坚持中国特色社会主义，对我国对外工作来说，是管根本的一条。党的对外工作始终与党的事业、与党和国家的中心任务紧密联系在一起，要始终把维护我们党的执政地位和国家政权安全作为最重要的政治任务，放到各项工作的首要位置。当前形势下，既要根据中央关于加强党的建设的总体部署，奋发有为、作出表率，全面推进党的建设新的伟大工程，又要按照习近平总书记提出的“抓政党、抓调研、抓人脉、抓形象”的要求，切实做好加强政治引领、促进政党交往、深化特色调研、构建人脉网络、提升国际形象、夯实民意基础等六个方面的工作。习近平总书记全面深刻阐述党的对外工作宗旨和任务，为我们做好新时期党的对外工作指明了前进方向。

全面总结党的对外工作的主要原则。习近平总书记从中国革命、建设、改革和复兴的历史脉络中，准确把握党的对外工作发展演变的客观规律，深刻总结党的对外工作必须牢牢坚持的主要原则。习近平总书记强调，党的对外工作必须坚持正确指导思想，坚持解放思想、实事求是、与时俱进；必须密切关注和把握世界格局的变化及特点，正确判断在世界现实格局下国内的工作和发展可以利用的机遇及可能遇到的风险，切实加强战略谋划和运筹；必须在围绕党的中心任务、服务国家总体外交中找准切入点和着力点，不断拓展工作的广度和深度，不断增强工作的特色和优势；必须遵循独立自主、完全平等、互相尊重、互不干涉内部事务的党际关系四项原则。习近平总书记全面深刻总结党的对外工作主要原则，为我们做好新时期党的对外工作提供了基本遵循。

科学界定党的对外工作的基本属性。从党和国家工作全局出发，习近平总书记鲜明地指出，党的对外工作是我们党的一条重要战线，也是国家总体外交的重要组成部分。这一论断清晰表明，党的对外工作具有双重定位。党的对外工作既要服务于党的事业的总体目标，也要服务于国家总体外交的实际需要。在具体实践中，党的对外工作要充分发挥自身优势和特色，将双重定位有机结合起来，既同国家总体外交相辅相成、相得益彰，又在这一过程中突出党的特点和属性，在党言党、在党为党，为不断推进中国特色社会主义伟大事业和党的建设新的伟大工程争取有利外部环境。习近平总书记准确界定党的对外工作性质和定位，为我们做好新时期党的对外工作厘清了思路与重点。

系统阐述党的对外工作的科学方法。习近平总书记坚持和运用马克思主义立场观点方法分析和解决实际问题，加强战略谋划和策略运用，既部署“过河”的任务，又指导解决“桥或船”的问题，形成了一整套指导党的对外工作的方法论。习近平总书记在不同场合反复强调要善于运用辩证思维、系统思维、战略思维、法治思维、历史思维、底线思维、创新思维。针对党的对外工作的性质特点，习近平总书记进一步指出，要观大势、谋大局，保持战略定力，加强科学谋划，搞好策略运筹，注重统筹兼顾，增强党的对外工作的协调性、科学性和实效性。习近平总书记关于党的对外工作方法论的深邃思考和重要论述，为我们做好新时期党的对外工作提供了科学指导。

二

中共十八大以来，在习近平总书记党的对外工作重要思想指引下，党的对外工作在继承中发展、在开拓中前进、在创新中突破，突出政治引领，突出党际特色，坚持“政府政党相促进、中央地方配合做、

2019 年 3 月 3 日，中俄各界共庆国际“三八”妇女节联欢会在莫斯科举行。

2017 年 4 月 27 日，中共中央对外联络部举行“中国共产党的故事——精准扶贫”专题宣介会。图为云南省代表向与会嘉宾介绍扎染工艺品。

官方民间齐动手、精英草根两头抓、热灶冷灶一起烧”，有力维护了党的执政地位，推动了总体外交发展，为中国特色社会主义伟大事业营造了良好外部环境。

坚持以政治引领为首要统揽全局。政治引领具有先导和管总的特征。党的对外工作始终坚持以政治引领为纲，并将其贯穿到各项具体工作之中，通过交往、交流、交心，切实发挥方向引领、理念引领和认知引领作用。利用“中国共产党与世界对话会”、政党机制交流等平台，从政策源头做外国政党工作，间接影响政党外围媒体和民间组织，进一步引导带动广大社会公众，使各国政党和政治组织更加理解、尊重、认同和支持我们党的价值理念、道路理论、方针政策和制度特色，并深入探寻中国内外政策背后的中华民族优秀传统文化内涵，同中方一道推进世界和平发展与人类文明进步。

坚持以政党交往为中心优化布局。政党交往是党的对外工作的主渠道和依托。党的对外工作通过高层往来、论坛对话、政党培训等渠道，同大国大党的机制化交往局面逐渐形成，同社会主义国家执政党交往全面深化，同周边国家政党关系更加巩固，同发展中国家政党交往有新的发展。目前，我们党同 160 个国家和地区的 400 多个政党和政治组织保持着经常性联系，形成了全方位、多渠道、宽领域、深层次的政党外交格局。同时，注重发挥政党交往的带动与辐射作用，探索打造出政党外交、民间外交、公共外交“三位一体”的工作布局。

坚持以特色调研为抓手服务大局。调查研究是谋事之基、成事之道。党的对外工作调研注重发挥党的优势、人脉优势、理论思维优势和深度战略思考优势，注重全局性、规律性、导向性，突出高站位、宽视野、广纵深，形成了鲜明风格，创出了特色品牌。党的对外工作围绕党中央关心的重大理论和实践问题，研究国际格局深刻变动及走向，研究当代社会主义和资本主义发展趋势与相互关系，研究世界政党政治发展规律及各国治国理政经验，努力出思想、出政策、出点子，为党中央决策提供智力支持。

坚持以人脉建设为关键争取更多同行者。对外工作归根到底是做好“人”的工作。党的对外工作充分利用交往广的独特渠道优势，在国际上广交朋友、广结人缘，全方位地开展交友工作，着力打造党政并蓄、朝野相济、官民兼容的人脉网络。注重不断加强同各国执政党、参政党、在野党、政治组织、智库、媒体和民间各界人士的深入沟通交往，培育共同语言，增进相互理解，开展互利合作，细水长流、润物无声地培养一大批知华友华人士，不断积累和扩大我们党在世界上的“朋友圈”，为我国同有关国家关系发展持续注入正能量。

坚持以形象塑造为重点提升国际认知度。形象是软实力的重要体现。党的对外工作始终注重从中华民族传统文化和社会主义核心价值观两个维度的结合点上，做好我们党和国家形象的大文章。在各类双边、地区、多边活动中，积极回应外界关切，重点宣介“中国梦”、“两

2018 年 1 月 13 日，中日友好成人仪式在北京举行，日本驻华大使横井裕（中）、北京市对外友协副会长高双进（左三）与中日两国年轻人代表共同参加日本传统的“开镜”庆祝仪式。

个一百年”奋斗目标、“五位一体”总体布局和“四个全面”战略布局等国内发展战略，以及我国坚持和平发展、加强全球治理、推动构建以合作共赢为核心的新型国际关系、打造人类命运共同体等重大方针政策和倡议主张，有针对性地传播中国方案、讲好中国故事，展示党和国家良好形象，增进外界对华了解和认知。

坚持以民心相通为基础增加对外感召力。国之交在于民相亲，民相亲在于心相通。党的对外工作注重发扬我们党密切联系群众的优良传统，结合“一带一路”建设积极推进政策沟通、人文交流和民生项目，不断提升有关国家民众对华的好感度。通过开展媒体智库交流、同非政府组织进行交流对话等方式，努力凝聚沿线国家朝野政党和社会精英对华共识。通过支持鼓励国内民间组织走出去开展人文等各类交流对话，配合一些重大合作项目实施配套的公益项目，帮助重大项目周边基层民众改善民生、实现发展等，夯实“一带一路”建设双边合作的社会和民意基础。

三

当前，中国与世界的关系正在发生历史性变化，我们前所未有地走近世界舞台中心。作为中国特色社会主义事业的领导核心，中国共产党日益成为国际社会瞩目的焦点。展望未来，党的对外工作站在更高的历史起点上，面临着新的大发展的机遇。我们要以习近平总书记党的对外工作重要思想为指引，在以习近平同志为核心的党中央坚强领导下，举旗定向、谋篇布局、务实进取、甘于奉献，“撸起袖子加油干”，努力开创党的对外工作新局面。

增强政治意识。党的对外工作必须坚持以党为本，将巩固党的执

2017 年 5 月 14 日晚，中国国家主席习近平在北京人民大会堂举行“一带一路”国际合作高峰论坛欢迎宴会。

2017 年 6 月 28 日，亚洲相互协作与信任措施会议（亚信）非政府论坛第二次会议在北京举行。图为嘉宾入场。

政地位、提高党的执政能力、实现党的执政理念作为谋划和推进一切工作的依归，坚持正确的政治方向，完成好党中央交办的各项任务。以迎接和服务党的十九大召开为主线，加强政治引领，深入开展宣介，运用好“党的重大事项对外传播常态化机制”，打造好“中国共产党与世界对话会”品牌，组织好中共代表团访问交流，向国际社会全面讲好中国共产党的故事。加强对美国、欧洲、俄罗斯等大国以及周边和发展中国家政党、智库、民间、地方工作，做深做实各种双多边政党机制化交往平台，不断扩大我们党的“朋友圈”。

增强大局意识。党的对外工作必须始终坚持在大局下思考、在大局下行动，牢牢服从和服务于党和国家工作大局。发挥党的对外工作特殊优势，不断充实工作内涵和领域，提高在党和国家工作大局以及外交全局中的贡献率。积极配合国家重大外交议程，围绕今年 5 月在北京召开的“一带一路”国际合作高峰论坛和 9 月在厦门举行的金砖国家领导人会晤，分别举办“增进民心相通”平行主题会议和“金砖国家政党、智库和民间社会组织论坛”。主动为国内经济社会发展服务，创新工作机制和平台，促进地方党际交往及经贸、旅游和文化交流活动。围绕党和国家中心任务，想中央之所想，急中央之所急，深入开展调研，为中央决策当好参谋助手。着眼我国对外交往全局，积极支持我国民间组织“走出去”，推动民间外交发挥更大作用。

增强核心意识。中国共产党是中国革命和建设事业的领导核心，习近平总书记是党中央的核心、全党的核心。党的对外工作战线要牢固树立核心意识，一是用习近平总书记党的对外工作重要思想武装头脑，深入学习领会并坚决贯彻落实习近平总书记系列重要讲话和指示精神。二是在党际交往中大力宣介习近平总书记治国理政新理念新思想新战略，特别是在国际舞台上提出的构建以合作共赢为核心的新型国际关系、打造人类命运共同体等重要理念和倡议。三是全力保障和服务好习近平总书记与外国政党领导人的高层往来和重要活动，充分发挥党的领导人对党际交往的战略引领和推动作用。

增强看齐意识。党的对外工作必须自觉向以习近平同志为核心的党中央看齐，向党的理论和路线方针政策看齐，从更高的站位和视角审视自身不足，以更高的标准和要求推动事业发展。加强科学思维，提高创新能力，树立担当意识，不断充实完善理论探索、政党外交、调查研究、人脉积累、国际形象、党的建设等方面工作。改革和完善体制机制，确保形成合力，着力加强党的对外工作领导体系建设，确保党的对外工作在以习近平同志为核心的党中央集中领导和统筹规划下有序开展。

我们要更加紧密地团结在以习近平同志为核心的党中央周围，团结一心、奋力拼搏，不断提高党的对外工作的科学性、实效性、主动性和创造性，以优异成绩迎接党的十九大胜利召开！

作者宋涛，中共中央对外联络部部长。

新时代的中国特色大国外交 *

郑泽光

习近平主席在中国共产党十九大报告中明确宣示，中国特色社会主义进入新时代。这是中国发展新的历史方位，也是中国特色大国外交新的历史方位。

新时代的中国特色大国外交建立在新中国成立以来外交实践的基础之上，特别是中共十八大以来中国外交实践和理论创新的基础之上。

中共十八大以来，在习近平主席亲自擘画运筹下，我们走出了一条具有中国特色、中国气派、中国风格的大国外交之路，形成了全方位、多层次、立体化的外交布局，为中国发展营造了良好的外部条件，为世界和平与发展作出了新的重大贡献。

新时代催生新使命和新目标。习近平主席在中共十九大报告中对新时代中国外交进行了全面阐述，作出了顶层设计，指明了前进方向。习主席强调：新时代是中国日益走近世界舞台中央，不断为人类作出更大贡献的时代。中国共产党是为中国人民谋幸福的党，也是为人类进步事业而奋斗的党，始终把为人类作出新的更大贡献作为自己的使命。新时代中国特色大国外交就是要推动建设新型国际关系、构建人类命运共同体。

新时代中国外交的使命，就是要为中国人民谋幸福而尽责，为人类进步事业而担当。一方面，更加积极有为地为国内发展服务，为实

---

* 本文为外交部副部长郑泽光2018年3月在第19届中国发展高层论坛上的演讲，收入时根据形势发展略有调整。

2016 年 9 月 4 日，中国国家主席习近平和夫人彭丽媛在杭州西子宾馆举行宴会，欢迎出席二十国集团领导人杭州峰会的外方代表团团长及所有嘉宾。

现“两个一百年”奋斗目标、实现中华民族伟大复兴的中国梦提供有力支持。另一方面，更加积极主动地为世界作贡献，通过开展互利合作促进各国共同发展，在国际事务中发挥好负责任大国作用，在力所能及范围内为国际社会提供更多公共产品。

把推动构建新型国际关系、推动构建人类命运共同体确立为新时代中国外交的总目标，既有中国深厚的历史文化基因，也是基于我们对现实国情和世界形势的客观判断。

回顾历史，中华民族历来讲求“天下一家”。我们认为，世界各国尽管存在这样那样的矛盾分歧，免不了会有这样那样的磕磕碰碰，但世界各国人民都生活在同一片蓝天下，拥有同一个家园，梦想相通、命运相连，应该是一家人。

立足现实，尽管过去几十年中国的发展已经取得举世瞩目的成就，中国社会的主要矛盾也发生了历史性的变化，但是，中国仍处于社会主义初级阶段的基本国情没有变，中国作为世界最大发展中国家的国际地位没有变。要决胜全面建成小康社会、夺取建设社会主义现代化强国新胜利，中国必须持续付出更艰辛的努力，也离不开一个和平稳定的国际环境。

放眼全球，我们生活的世界既充满希望，也充满挑战。全球化、多极化仍在发展，世界格局和国际形势持续演变，众多挑战需要各国携手应对，各国人民普遍希望世界多一些和平、少一些战乱，多一些合作、少一些摩擦。中国人民一向富有正义感和同情心，始终关注和无私帮助仍然生活在战火、动荡、饥饿、贫困中的有关国家和人民，始终愿意尽最大努力为人类和平与发展作出贡献。

推动构建新型国际关系，就是要走出一条国与国交往的新路。其核心是相互尊重、公平正义、合作共赢。相互尊重是前提，公平正义是准则，合作共赢是目标。这一理念倡导“对话而不对抗、结伴而不

2018 年 9 月 16 日，中国发展高层论坛专题研讨会在北京举行。

2016 年 10 月 14 日，“中国 – 拉美产业合作与商品展”在河北唐山开展。图为展览现场的“机械人”。

结盟”，摒弃了阵营对抗的冷战思维、零和博弈的思想藩篱、以强凌弱的丛林法则，符合各国人民的共同愿望，顺应时代发展潮流。新型国际关系的建设将为构建人类命运共同体打开道路、积累条件。

人类命运共同体是新时代中国外交的一面旗帜，回答了人类社会向何处去这一时代之问。推动构建人类命运共同体，就是要建设持久和平、普遍安全、共同繁荣、开放包容、清洁美丽的世界。这一倡议超越了国别、党派和制度的异同，反映了大多数国家的普遍期待，符合国际社会的共同利益，也日益得到各方的认同和支持。

为实现上述“两个构建”的总目标，中国将高举和平、发展、合作、共赢旗帜，恪守维护世界和平、促进共同发展的外交政策宗旨，坚定不移在和平共处五项原则基础上发展同各国的友好合作；始终不渝走和平发展道路、奉行互利共赢的开放战略；坚定奉行独立自主的和平外交政策，尊重各国人民的选择，维护公平正义；坚持国家不分大小、强弱、贫富，一律平等；坚持永远不称霸、永远不搞扩张。中国无论发展到什么程度，都将始终做世界和平的建设者、全球发展的贡献者、国际秩序的维护者。

新时代呼唤新作为，新时代催生新气象。

——我们将推进大国协调和合作，积极构建总体稳定、均衡发展的大国关系框架。大国对于维护世界和平与发展肩负着特殊重要责任，大国之间和睦才能世界和平，大国相互合作才有全球发展。

中国和美国分别是世界上最大的发展中国家和最大的发达国家。保持中美关系长期健康稳定发展，不仅符合两国人民根本利益，也是国际社会的普遍期待。中美之间的共同利益远远大于分歧，两国在诸多领域的合作也远远超过在个别领域的竞争。中美和则两利，斗则俱伤。中方历来重视发展中美关系，愿同美方相向而行、一道努力，实现不冲突不对抗、相互尊重、合作共赢。中美之间存在一些分歧很正常。对此，不能动辄把自身的问题归咎于对方、在战略判断上犯下根

2019 年 2 月，“云南抗战历史系列展之老布什的来信”在昆明展出。展览通过近百幅珍贵历史照片折射出二战期间的中美友谊。

2019 年 1 月 19 日，第三届中俄界江国际冰球友谊赛在黑龙江（阿穆尔河）江面上热烈开赛。

本性错误，那样只会损人害己、搞乱世界；而应采取客观、理性的态度，多作换位思考、相互适应。最重要的是，要始终遵守中美三个联合公报规定，恪守一个中国原则，尊重彼此核心利益和重大关切，通过化解和管控分歧避免中美合作大局受到干扰。

中美经贸关系本质上是互利共赢的，给两国人民带来了许多实实在在的利益。在两国经贸合作快速发展过程中，出现贸易不平衡等问题本来不足为怪，应通过磋商以双方都能接受的方式加以解决。但是，美方近日宣布其单方面发起的对华“301”调查的结果，此举不符合世贸组织规则，有违两国工商界的合作意愿。在这个问题上，中方的态度很明确，我们不想打贸易战，但也不怕打贸易战。我们有坚定的决心和充分的准备予以坚决应对，捍卫国家利益。我们敦促美方采取理性态度，同中方在相互尊重、平等互利基础上，寻找妥善解决问题的办法。这样，对两国有好处，对世界有好处。

中俄是全面战略协作伙伴。当前形势下，中俄关系为维护国际平衡和战略稳定发挥的压舱石作用更为凸显。在两国元首共同引领下，中俄关系进入历史最好时期。我们将同俄方一道，继续加强各领域合作，推动两国战略协作向更高水平发展，让中俄关系“芝麻开花节节高”。

中欧之间有着广泛的共同利益。中方一贯高度重视欧洲的战略地位和作用。我们将继续坚定支持欧洲一体化进程，不断丰富拓展中欧和平、增长、改革、文明四大伙伴关系的战略内涵，推动中欧关系取得更好发展。

——我们将践行习近平主席提出的亲诚惠容理念和与邻为善、以邻为伴周边外交方针，深化同周边国家关系。中国有一句古话，远亲不如近邻，形象地说明了周边外交的重要性。当前，中国周边形势总体是好的。今年，我们将办好博鳌亚洲论坛、上合组织青岛峰会两大主场外交，凝聚守望相助的地区共识，增添区域合作的发展动力。我们将以中国－东盟建立战略伙伴关系 15 周年为契机，推动中国同东

2019 年 2 月 21 日晚，中国驻东盟使团在大使官邸举办“庆新春、迎国际劳动妇女节”招待会。图为使团外交官、东盟妇女协会官员与雅加达 Ai Ikhwan 小学学生合影。

2019 年 2 月 14 日，江苏省南通市举办第十九届出国劳务洽谈会暨外经人才招聘会。图为求职者和招聘企业工作人员交流。

盟等周边国家的合作提质升级。我们将坚持落实《南海各方行为宣言》和“南海行为准则”磋商“双轮驱动”，同域内国家一道，共同维护南海稳定，推动海上合作。我们还将继续推动区域全面经济伙伴关系（RCEP）协定商谈，争取早日达成共识，为亚太合作开辟新局。

——我们将以习近平主席提出的正确义利观和真实亲诚的理念为指导，大力深化同广大发展中国家的互利合作，实现更高水平的优势互补和共同发展，切实帮助发展中国家提升自主发展能力。长期以来，中国向广大发展中国家特别是欠发达国家提供了大量无私援助。这些援助从不附加任何政治条件，契合地区国家发展需要，切实造福受援国人民。中国开展对外援助 60 多年来，累计为发展中国家培训各类人员 1200 多万人次，派遣 60 多万援助人员。按照新的国务院机构改革方案，中国正在组建国际发展合作署，这将有利于进一步优化援外工作，更好地为国际发展事业作贡献。年初，我们同拉美国家成功举办了中拉论坛部长级会议。年内，我们还将举办新一届中非合作论坛峰会和中阿合作论坛部长级会议，为中非、中阿、中拉等合作机制赋予新的时代内涵，注入新动力。

——我们将坚持共商共建共享原则，继续积极推进“一带一路”国际合作。习近平主席提出的“一带一路”倡议是中国扩大对外开放的重要举措，是中国推动构建人类命运共同体的生动实践，已成为当今世界重要的国际合作新平台。我们已同 80 多个国家和组织签署“一带一路”合作协议，同 30 多个国家开展机制化产能合作，形成以“一带一路”为统领的对外开放新格局。下一步，我们将继续落实好首届高峰论坛成果，推进论坛后续机制建设，开好重点领域部长级会议，为 2019 年举办第二届高峰论坛作好准备。我们愿同更多国家达成共建“一带一路”共识，深化各国发展战略对接，实现各国发展优势互补，抓实抓好重点项目，使“一带一路”成为各国共同参与、互利共赢的宏大交响乐，让中国改革开放的红利更好地惠及世界。

2016 年 4 月 1 日，中国国家主席习近平在美国华盛顿出席伊朗核问题六国机制领导人会议。

——我们将积极参与全球治理体系改革和建设。中国参与全球治理改革并不是推倒重来，也不是另起炉灶，而是与时俱进、改革完善，而是要引导全球治理体系向更加公正合理的方向发展，增加发展中国家的代表性和发言权。中国主张世界上的事情由各国人民商量着办，倡导让不同国家、不同阶层、不同人群共享全球治理的好处。我们坚持多边主义，坚定维护联合国权威和地位，支持联合国在国际事务中发挥积极作用。我们支持多边贸易体制，推动经济全球化朝着更加开放、包容、普惠、平衡、共赢方向发展，坚决反对贸易和投资保护主义。对海洋、极地、网络等新兴领域，我们主张各国共同建立新机制、制定新规则，打造合作共赢的新平台。

——我们将继续为推动解决热点问题发挥积极作用。当前国际上有很多地区热点问题，影响到和平与稳定，妥善解决这些问题是国际社会的共同责任。近年来，中国积极参与解决伊朗核、南苏丹、阿富汗等热点问题，已成为联合国维和行动主要出兵国和出资国，并逐步形成有中国特色的解决热点问题之道，归结起来就是“和平性、正当性、建设性”三原则，即：坚持政治解决，反对使用武力；坚持不干涉内政，反对强加于人；坚持客观公道，反对谋取私利。当前，朝鲜半岛局势正呈现缓和势头，我们呼吁各方抓住机遇，多释放对话谈判的诚意，多做有利于良性互动的善举，切实推动无核化进程。

——我们将积极加大服务国内发展和保护海外利益的力度。服务国内发展始终是中国外交的中心任务，“外交为民”是中国外交不变的宗旨。我们将贯彻新发展理念，按照高质量发展的需要，为扩大对外合作创造更有利条件，为国内发展营造更良好国际环境。办好更多省区市全球推介活动，全力服务京津冀协同发展、雄安新区规划建设以及 2022 年冬奥会，为打赢脱贫攻坚战贡献一份力量。坚持以人民为中心，深化领事工作改革，持续打造海外民生工程，探索构建海外中国平安体系，有效维护中国公民和企业在海外的合法权益。

2019 年 2 月 8 日在河北省张家口市市民广场拍摄的冬奥会主题花灯

今年是中国改革开放 40 周年，也是贯彻中共十九大精神的开局之年。中国外交将在习近平新时代中国特色社会主义思想的指引下，拿出新作为，展现新气象，奋力谱写中国特色大国外交新篇章，更好造福中国人民和世界各国人民。

中国古代思想家孔子说，益者三友，友直、友谅、友多闻。长期以来，中国发展高层论坛秉持“听取世界的声音，探索中国发展之路”的宗旨，已经成为国际社会了解中国的重要窗口、中外交流互鉴的重要平台和助推中国改革发展合作的重要“朋友圈”。相信本届论坛一定能够为增进中国与世界的理解、友谊和合作作出新的贡献。中国衷心希望同世界各国加强交流合作，共襄构建人类命运共同体伟业！

作者郑泽光，中华人民共和国外交部副部长。

共创21世纪的亚太和平、安全与繁荣*

孔铉佑

在全球化时代，各种跨国性的挑战层出不穷，地区事务不断增多，但应由地区国家平等协商处理，任何国家都不能“包打天下”。亚太地区的整体发展必将促进世界多极化和国际关系民主化的进程，也呼唤着本地区建立公正、合理、民主、平等的地区秩序。每一个国家的合理安全关切和生存权、发展权都应该得到切实的尊重和保障。大国应不畏浮云遮望眼，客观理性看待对方战略意图，同时着眼地区和平稳定的大局，积极开展良性互动。中国将始终作为本地区平等的一员，与地区国家相互尊重、平等协商、友好合作。我们期待域外国家也能够顺应本地区潮流，尊重亚洲国家的利益关切，多做增进理解互信、促进共同安全的事，为维护地区稳定发展发挥建设性作用。

一、亚太地区在当今国际社会中发挥着越来越重要的作用

当前的亚太是新兴市场国家最为集中的地区，也是世界上经济发展最快的地区，对世界经济的发展和增长具有举足轻重的推动作用。亚太战略地位的大幅提升自然引起了全世界的高度关注。

（一）亚太地区是全球稳定之锚

亚太国家坚持探索适合本国国情的发展道路，着力改善民生，政治经济体制不断完善成熟，社会总体保持平稳安定。相互尊重、协商

---

* 孔铉佑2015年10月19日在“南京论坛”上的主旨演讲。本文略有改动。

2018 年 6 月 1 日，2018 中国（福州）国际渔业博览会•亚太水产养殖展览会在福州开幕，西班牙、法国、意大利等 34 个国家和地区的 535 个展团或企业携特色产品参展，共推全球渔业合作。

一致、照顾各方舒适度的亚洲方式深入人心。这是本地区国家友好相处、妥善处理矛盾分歧的宝贵经验，也为未来亚太地区的长治久安打下了一个坚实的基础。

（二）亚太地区是世界繁荣之基

亚太各国人民凭借自己的勤劳和智慧，靠着自强不息的精神，把握住时代发展潮流和历史机遇，实现了持续的快速发展，创造了一个又一个奇迹。在过去 20 多年里，亚太国家本着开放包容的精神，扎实推进区域经济一体化进程。拓展跨区域合作，积极参与全球治理，实现了协同发展、融合发展。今天，亚洲以两倍于世界平均增速的态势带动世界经济复苏，互联互通提档加速，“亚洲世纪”正从梦想逐步变为现实。

（三）亚太地区是人类不同文明对话的平台

“海纳百川，有容乃大”。亚太地区是人类几大文明交汇融合之地，本地区人民自古以来就具有兼收并蓄、海纳百川的宽广胸怀和历史传统。各国人民相逢相知、互信互敬，不同文明之间相互尊重、交流互鉴，架起了沟通理解和友谊的桥梁，为我们携手解决共同面临的挑战提供了宝贵智慧和精神的支撑。这片孕育过辉煌古代文明的土地，在当今全球化进程中正在焕发出新的勃勃生机。随着亚太经济的发展，本地区文明也必将为世界文明和发展作出更大贡献。

二、亚太也是国家间矛盾最为突出、大国博弈最为集中、安全形势最为严峻的地区

不可否认，今日亚太还时不时可见往日阴霾。二战残余、冷战积怨、领土主权争议等历史遗留问题不时发酵，传统与非传统安全挑战交织，零和游戏和冷战思维仍有市场，热点问题和局部冲突仍此起彼伏。干涉别国内政、将本国意愿强加于他国的现象仍然存在。本地区

2018 年 11 月 14 日，总部设在北京的全球第二个政府间区域空间合作组织——亚太空间合作组织在北京举行成立十周年高层论坛。图为成员国代表共同签署《亚太空间合作组织 2030 年发展愿景》。

2019年2月18日，中共中央、国务院印发了《粤港澳大湾区发展规划纲要》，指出巩固和提升香港的国际金融、航运、贸易中心和国际航空枢纽地位。图为繁忙的香港航道。

国家在维护主权、独立和领土完整，加快经济社会发展，推动国际和地区秩序朝公正合理方向发展方面仍面临不少值得我们重视的困难和挑战。值得注意的是，随着国际形势中的不稳定、不确定因素的增多，亚太的未来正处在关键的十字路口。在风险和挑战面前，本地区国家的命运前所未有地紧密联系在一起。我们应继续发扬团结自强的精神，共同维护和促进亚太的持久繁荣稳定。

（一）历史告诉我们：亚太要维护和平稳定大局不动摇

和平稳定是发展繁荣的必要前提，动乱和动荡必然会葬送发展的大好势头。要和平，不要冲突；要缓和，不要紧张；要对话，不要对抗，是本地区国家人民的共同心声和强烈的愿望。国与国相处，要讲信义、重情义、树道义。我们应尊重各国主权、独立和领土完整，尊重各国选择的发展道路与社会制度，不强人所难，不干涉他国内政。我们应将本国安全融入地区国家的集体安全之中，让地区安全成为本国安全的一部分，坚持通过对话与谈判和平解决分歧与争端，积极稳妥推动热点问题和难点问题的降温和解决。

（二）现实告诉我们：亚太要坚持经济发展与合作方向不动摇

当前世界经济仍在新一轮的深刻调整之中，经济复苏任重道远。地区国家应坚持发展优先，致力于通过经济创新发展、改革与增长，寻求新的增长点和增长动力，提升发展质量和效益。我们应扎实推进地区经济一体化进程，充分挖掘合作潜力，实现优势互补。我们应建立和健全利益共享的亚太供应链、产业链和价值链，构建更加开放、融合、普惠的亚太大市场，不断提升经贸合作的层次和水平，增强区域经济的内生动力和抗风险能力，让发展成果更好地惠及本地区各国和人民，为推动世界经济复苏作出更大贡献。

2017 年 11 月 7 日，第七届临沧边境经济贸易交易会在云南临沧举行，来自临沧本地的农业、文化等产品与周边国家客商带来的异域商品同台展销。

（三）未来告诉我们：亚太要坚持开放包容精神不动摇

亚太地区多样性突出，政治制度、宗教文化、历史传统、发展阶段各异，在长期历史进程中形成了多元发展、齐头并进的局面。志同道合是伙伴，求同存异也是伙伴。我们要坚持开放的区域主义，不搞封闭性集团，不针对第三国，推动域内外国家充分发挥自己的优势、各尽其能，通过合作实现利益共享、共赢。我们应加强互学互鉴，携手建设开放型经济和区域合作框架。我们对亚太各种自贸区建设持开放态度，同时认为应保持必要的公开性和透明度。在地区安全方面，区域安全架构应是开放和透明的，应当具有广泛的包容性和代表性。地区国家在维护自身安全时应兼顾各方正当合理的安全关切，探讨形成符合本地区需要、切合本地区特点并为各国普遍接受的安全合作架构。封闭性、排他性的安全合作不符合当今时代潮流。

三、中国作为亚太大家庭的一员，历来以促进亚太的和平稳定和可持续发展为己任

中共十八大以来，本届中央领导集体高度重视周边外交工作。习近平主席和李克强总理就任后首访首站都选择了周边国家。2014 年中央外事工作会议进一步明确了周边外交在中国总体外交布局中的首要地位。中国积极从政治、经济、安全等多个层面探索中国以及周边国家的发展路径。在 2015 年 4 月博鳌亚洲论坛年会上，习主席系统阐述了命运共同体理念，提出通过迈向亚洲命运共同体，推动建设人类命运共同体，引发了各方强烈共鸣。

（一）周边是中国承担大国责任的首要区域

我们遵循“正确义利观”，对外交往要义利并举、弘义融利。所谓“义”就是行大道，重公义，切实履行我们所承担的道义责任。中国的和平发展与周边地区的整体发展密不可分，我们以周边为发展依

托，也愿意把自身发展的红利首先惠及周边国家。可以明确地说，中国追求的是一种承担责任的发展，安邻、惠邻是这种责任的应有之义。

（二）中国是周边地区和平稳定的压舱石

中国身体力行和平共处五项原则，坚持走和平发展道路，倡导共同、综合、合作和可持续的亚洲安全观，在战与和的问题上始终站在历史正义的一边，成功推动周边重大热点难点问题的软着陆。

我们坚持通过和平方式处理领土主权和海洋权益的争端，同 14 个邻国中的 12 个国家彻底解决了陆地边界问题。我们积极倡导处理南海问题“双轨”思路，提出在南海问题上奉行“五个坚持”，即坚持维护南海的和平稳定，坚持通过谈判协商解决争议，坚持通过规则机制管控分歧，坚持维护南海的航行和飞越自由，坚持通过合作实现互利共赢，得到地区多数国家理解支持。

2017 年 6 月 24 日，第六届世界和平论坛在清华大学举行，阿富汗前总统卡尔扎伊（中）出席。

2017 年 7 月 26 日，广西仙草堂制药有限责任公司工人在青蒿素提炼车间检查保养设备。该公司每年加工生产青蒿素 60 余吨，主要出口到印度、越南、巴基斯坦、印度尼西亚等“一带一路”沿线国家和非洲部分国家。

我们坚持实现朝鲜半岛无核化，坚持维护半岛和平稳定，坚持通过对话协商解决问题。在缅北冲突、阿富汗等问题中积极劝和促谈，为地区国家和平和解发挥了建设性的作用。我们积极推动打造地区安全对话的合作平台，成功召开亚信峰会，并愿以上海合作组织和东亚合作框架为支撑，开展双多边的防务安全交流合作。我们主动与东盟国家探讨建立双边防务热线等危机管控措施，与日本重启海空联络机制的磋商，与美国完善海空相遇行为的准则。

我们积极与地区国家开展防灾减灾合作，联合举办地震和海上搜救演练，携手应对地震、海啸、大规模传染性疾病等突发挑战，为地区提供更多的公共安全产品，努力保障本地区传统领域和非传统领域“双安全”。“东亚应对气候变化区域研究与合作中心”将于近期挂牌。中国与湄公河流域国家正在探索共建“青蒿素类疟疾治疗药物抗药性流域联防机制与响应体系”。

（三）中国是周边睦邻友好的坚定践行者

睦邻友好是亚洲和平稳定的重要依托。中国人珍视“兼善天下、立己达人”的优良传统，延续“亲望亲好、邻望邻好”的睦邻传统，周边外交“亲、诚、惠、容”理念正是根植于这些传统。我们积极增进地区国家的相互理解和信任，同 8 个周边国家签署了睦邻友好合作条约。我们建立和不断充实与周边国家各种类型的伙伴关系，既保持“走亲戚式”的高层交往的热度，又密切各领域、各层级的交流合作，巩固地缘相近、人缘相亲的情感纽带。

我们推动启动商谈中国－东盟国家睦邻友好合作条约，推动区域全面经济伙伴关系协定进入实质性磋商阶段，加大对“10+1”“10+3”、

2018 年 11 月，三亚市南繁科学技术研究院在印尼首次试种的设施甜瓜迎来好收成。图为在印尼北苏拉威西省阿姆朗县的设施甜瓜示范基地，中国南繁专业技术人员与栽培种植的甜瓜合影。

东亚峰会、东盟地区论坛、亚洲合作对话、南亚区域合作联盟、亚信等机制的投入和参与度。克服各种困难，维护中、日、韩合作势头，推动三国合作取得重要进展，引领区域合作风气之先。我们与地区国家一道推动构建更加开放包容的亚洲区域合作网络。

（四）中国是亚洲增长的重要牵引力

中国是亚洲地区经济增长的强动力和稳定器。我们持续深化改革，引领经济“新常态”，以稳健发展为亚洲经济担当。近年来，中国对亚洲增长的贡献率超过 50%。中国经济每增长一个百分点，就将拉动亚洲经济增长 0.3 个百分点。中国已连续多年成为不少周边国家最大的贸易伙伴、最大的出口市场和重要的投资来源地。2014 年中国与东亚和南亚国家贸易总额已超过 1.2 万亿美元。中国与亚洲已结成一荣俱荣、一损俱损的命运共同体。

中国实施新一轮高水平对外开放，以自身的发展带动并且惠及周

2018 年 10 月 23 日，第六届青岛国际海洋技术与工程设备展览会在山东青岛世界博览城举办。图为参观者在观看无人测量船。

边。我们推进“一带一路”建设，弘扬古丝绸之路“互学互鉴、和睦共处”的精神，倡导共商、共建、共享的平等互利的方式，与丝路沿线各国加强政策沟通、设施联通、贸易畅通、货币融通、民心相通，共同打造开放合作的平台。我们支持并积极参与地区的互联互通建设，着力打造安全高效的综合联通网络，为亚洲地区可持续发展提供有力的保障。我们大力开展海上合作，积极推进海洋经济、海上联通、海洋环境、海上安全、海洋人文等领域的交流与合作，将合作潜力转化为实实在在的合作成果。

我们致力于深化金融合作，倡议筹建亚洲基础设施投资银行。亚投行将是对现有多边开发银行的有益补充，将为亚洲国家的实体经济和务实合作提供重要金融支撑。我们积极推动产能合作，支持优质富余产能走出去，为提升亚洲整体产业发展水平作出努力。我们探索出有效市场和有为政府结合的发展模式，为亚洲国家探寻符合自身国情的发展路径提供了可鉴之道。

结 论

2015 年是二战结束 70 周年和联合国成立 70 周年，“前事不忘，后事之师”，只有铭记历史并正确看待历史，才能把握好未来的发展方向。中国历来是世界和平的捍卫者，也是国际和地区秩序坚定的维护者、建设者和贡献者。70 年来，中国始终为捍卫并完善以联合国为核心的战后国际秩序和国际体系发挥着建设性作用。我们积极践行结伴而不结盟、合作而不对抗的国与国交往新路，将合作共赢作为处理国与国关系的目标，走出一条有中国特色的大国外交之路。

不断发展的中国在亚洲将承担应尽的责任，愿为亚洲的稳定与繁荣作出更大贡献。我们将坚持道义为先，力所能及地扩大对本地区发展中国家的援助，做地区国家发展的支持者。我们主张通过对话协商，

2018 年 4 月 13 日，中共中央政治局委员、中央外事工作委员会办公室主任杨洁篪在上海同印度国家安全顾问多瓦尔举行会谈。

和平解决本地区仍然存在的争议和分歧，努力增进各国互信，加强安全合作，在地区热点问题上发挥建设性作用，做地区安全与稳定的促进者。我们希望各国共同弘扬亚洲地区传统文化的精髓，政治上互相尊重，共同协商；经济上相互促进，共同发展；文化上相互借鉴，共同繁荣；安全上相互信任，共同维护，让每一个国家都参与到希望与挑战并存的亚洲发展进程中来。

展望未来，和平、安全与繁荣是亚太国家人民的共同的期许和奋斗目标。我们唯有顺应潮流、把握机遇，构建更为紧密的命运共同体、利益共同体、责任共同体，才能在新时期实现安全与发展的良性循环，实现我们共同的“亚太梦”。我们将与亚太国家一道，坚定信心，携手合作，共同建设和平、和睦、和谐的亚太地区，共筑亚太新辉煌！

作者孔铉佑，中华人民共和国外交部原副部长，现任中华人民共和国驻日本大使。

专家探析

更加不确定的世界，更加确定的中国外交

——关于改革开放以来中国外交的整体性思考

王存刚

研究中国外交，必须高度关注并深刻理解中国与世界的关系。这是因为，中国外交的战略、政策及中国的对外行为，既取决于世界的现况和走向，更取决于中国对这种现状和走向的认知和反应。正确的外交战略、政策和对外行为，源自中国对世界现况和走向的科学认知和恰当反应。基于这一判断，本文将首先从一般意义上探讨世界的不确定性及其根源，继而描述当今世界不确定性的表现并分析其原因。在此基础上，本文将回顾1978年中国共产党十一届三中全会召开以后，面对日益不确定的世界，中国外交持续彰显确定性的特质；重点描述中共十八大召开以来中国外交的新变化，系统分析中国外交持续彰显确定性特质的原因，并对中国外交的未来走向作出判断。基于研究的实际需要，本文采用文本分析、比较研究、诠释三种基本方法。

一、世界始终具有不确定性

（一）不确定性的含义

我们生活着的这个世界，是确定性和不确定性的有机统一体。所谓确定性，从本体论角度看，是指事物发展在时间维度上呈现确定不移的状态，表现为自然和社会物质运动和发展的既定性；从认识论角

度看，是指与客观事物相对应的信息与知识是完备且没有错误的，因而未来的一切事件都是已定和可知的。所谓不确定性，从本体论角度看，是指物质运动的非重复性、非决定性、偶然性和随机性；从认识论角度看，则是指一种有疑问、知识不完备乃至无知的状态，认知主体不能确切地知道某一事件或某种行动变化的后果。

人类对世界确定性的追求具有久远的传统。渴求稳定和秩序、畏惧紊乱和失序，几乎成了人类的一种集体无意识。但自 19 世纪以来，特别是进入 20 世纪之后，人类在自然科学领域的一系列新发现以及由此建构的新理论，如相对论、量子力学、混沌理论等，彻底动摇了确定性观念、思维和相关学说的稳固地位。与此同时，多方面因素的综合作用，导致世界的不确定性特征日益凸显。人类不得不虚心学习、努力习得与世界不确定性的相处之道。

（二）导致世界不确定性的主要原因

第一，与构成世界的事物的运动性有关。所谓运动，是指宇宙间所发生的一切变化和过程，从简单的位置变化到复杂的人类思维，都是物质运动的表现。运动意味着变化，即事物在形态或本质上产生新的状况，也蕴含着发展，即事物由小到大、由简单到复杂、由低级到高级的演进，而变化和发展总是与某种程度的不确定性联系在一起的。

第二，与构成世界的事物的复杂性有关。“复杂”一词，在本体论意义上是指事物的组成多且杂，在认识论意义上是指事物难以理解和解释。当代美国哲学家尼古拉斯·雷舍尔（Nicholas Rescher）曾写道：“复杂性首先和最重要的是关乎系统组成要素的数量和种类多样性的问题，以及是关乎相互关联的组织构造和运作构造的精巧性的问题。”在雷舍尔看来，任何系统或过程以及事物的所有样式都是复杂的。复杂性遍及真实存在的所有领域，即使虚幻想象领域也具有复杂性。简言之，无论是自然世界还是社会世界，无论是物质世界还是思维世界，复杂性无处不在。

第三，与作为认知主体的人类能力的局限性有关。古往今来，人类虽然一直在努力寻找确定性，但却总是与不确定性如影随形，其主观原因就是人类认知能力的局限性。认知对象即事物的运动性和复杂性，极易造成人类所掌握的关于认知对象的信息不完整。人们根据物质运动的已知状态，难以推测与断定未来即将出现的状态；即使作出某种推断或预测，其结果也是概率性的，存在着许多意想不到的具体情况。

第四，与认知主体与认知客体的复杂互动有关。认知主体的复杂性或者说是多样性，体现在性别、种族、民族、阶级、阶层、宗教信仰、文化归属等多个方面。因此，认知主体观察认知客体的角度和层次，所处的时间和空间、所秉持的理念和所采用的思维方式等，均可能造成认知主体关于认知客体的知识的差异。而不同认知主体的认知差异及彼此间的互动，引致人类在思想领域的纷争以及在实践领域可能的摩擦乃至对抗。

世界的不确定性，曾使人类的预测能力屡遭挑战、饱受质疑。即使在确定性相对较高的自然科学界，人类同样无法对自己的预测能力表现出足够的自信。人们已经认识到，研究不确定性具有重要理论和实践价值。从一般意义上讲，对世界不确定性的认知和把握，有助于人们以恰当心态与合理方式看待世界和自己的命运以及彼此间的关系，看待和运用既有的知识，既不至于盲目乐观自信，也不至于过于悲观失望，且能够在知识生产领域有效规避绝对主义、教条主义的侵扰；而从特殊意义上讲，特别是对国际关系学者而言，不确定性构成了一个永恒却又迫在眉睫的挑战，即如何理解国际行为体行为的直接和深层诱因。因此，对不确定性问题的研究，应当放在社会科学研究领域的核心位置。

二、当今世界不确定性的表现及根源

（一）当今世界不确定性的具体表现

第一，全球秩序转型的时间跨度显著拉长，大国战略博弈空前激烈复杂。20 世纪 80 年代中期以来，全球秩序进入新一轮转型期。进入 21 世纪以来，以中国为代表的一批新兴市场国家和发展中国家走上发展快车道，多个发展中心在世界各地形成，全球力量对比较以往更为均衡。不过，发达国家的相对力量、国际地位和国际影响力总体上虽呈相对下降趋势，但其绝对力量仍在缓慢增强；新兴大国和发展中国家的绝对力量和相对力量、国际地位和国际影响力虽然同步上升，但仍存在许多不确定性。因此，“一超多强”的世界格局短期内不会改变。与此相对应，以自由主义为基底的全球秩序虽已逐步失灵甚至出现局部塌陷，但并未被舍弃，新的全球秩序短期内尚难以定型。历

2017 年 2 月 16 日，以“塑造全球秩序——超越危机管理的外交政策”为主题的二十国集团外长会在德国波恩开幕。

史经验表明，全球秩序转型期往往也是矛盾积聚期、冲突高发期。加之此次全球力量重组发生在大体和平的背景下，其间各大国间的关系较历史上类似阶段可能更加微妙、更加复杂，大国间的战略博弈更为激烈。

第二，全球化进程有所逆转，全球问题的严重性持续凸显。经济全球化在冷战结束之后加速发展，并一度呈现空前迅猛的态势。它在显著增强世界整体性的同时，也使人类面临日趋多样化且日益严峻的挑战。最近一个时期出现的所谓“逆全球化”现象，本质上是对既往全球化进程中产生的各种消极因素的回调。与此同时，各种全球性问题日益凸显。面对这样一种空间范围远超历史上的任何一个帝国、涵盖社会领域极为广泛的社会现象，人类的管控经验十分有限、管控能力极为不足，且短期内无法弥补这方面的缺失。人类将长期面临“全球治理能力赤字”这一尴尬事实。

2019 年 2 月 15 日，第 55 届慕尼黑安全会议在德国慕尼黑开幕。

第三，地区一体化进程逐渐趋缓，地区分离主义倾向有所强化。20 世纪 90 年代以来，欧洲一体化进程因欧盟成立而加快，并被视为地区一体化的典范而为世界其他地区所仿效。但进入 21 世纪后，成员国不断增多的欧盟问题频现。2016 年初，英国全民公投“脱欧”成功，对欧盟产生两大负面影响：一是欧盟整体经济实力显著下降，全球影响力削弱；二是疑欧主义和分离主义两个“幽灵”在欧盟成员国内部更为活跃。这对世界其他地区的一体化进程不可避免地会产生十分消极的影响。

第四，全球安全形势日益严峻，战争硝烟到处弥漫。20 世纪 80 年代到 21 世纪初叶，尽管天下不很太平，但总体而言，世界还是呈现相对和平的态势。但近年来，国际安全形势特别是传统安全形势陡然发生变化。大国之间的军事竞争、地缘政治竞争逐渐加剧，在太空、深海、极地和网络等新边疆的战略竞争愈演愈烈。一些中小国家内部发生的严重武装冲突仍在持续，外部势力特别是域外大国的武装介入使得当地形势进一步复杂化。美国 2018 年初发布的《国家安全战略报告》和《国防战略报告》对战略上的“竞争对手”的框定、对战略目标的规划以及相应的布局构想，对全球安全构成新的威胁。

第五，全球文化思想领域的激荡持续强化，民粹主义的影响急剧上升。在过去 40 年间，无论是西方发达国家，还是原社会主义国家和广大发展中国家，均先后走上思想、文化和意识形态的多元化进程，政治自由主义、文化多元主义一度在全球各地大行其道。令人遗憾的是，认知领域的多元化进程并未有效化解人类在精神世界的既有矛盾和冲突，甚至还在某种程度上加剧了既有的矛盾和冲突。尤为引人注目的是，民粹主义近年来在国际舞台上愈演愈烈，加剧了相关国家内部的政治分裂和社会动荡，并对地缘政治产生巨大冲击。特朗普的当选，也可以被视为民粹主义、国家主义对全球自由主义的胜利。

上述种种现象的复杂交织，有可能使未来的世界发生更多“黑天鹅事件”，从而使人们继续错愕、茫然、恐慌、无助。换言之，世界的不确定性不仅在短期内难以改变，甚至还有进一步加剧之势。

（二）导致当今世界不确定性的主要原因

第一，西式民主制度逐渐劣质化。以代议制为核心内容的西式民主制度在 20 世纪 90 年代广受追捧。但进入 21 世纪以来，在西方国家内部，日趋激烈的政党竞争引发日益严重的政治认同危机，政党体制的稳定性持续下降；人口结构的多样化和族群宗教多元主义的崛起，加剧了既有的政治分化态势；而日益扩大的贫富差距，在导致中产阶级持续萎缩的同时，加深了人们对政治体制的负面感知。就广大发展中国家而言，仓促移植的西式民主制度因水土不服而未达到善治的预期，相反却导致了极端主义的勃兴、政治冲突烈度的升高，部分国家更是战火蔓延、生灵涂炭。也因此，近年来部分中小发展中国家先后宣布放弃西式民主制度。西式民主制度的劣质化，是民粹主义沉渣泛起的制度性根源。

第二，国际关系空前复杂化。首先是跨国互动领域空前广泛。既涉及政治、经济、文化、安全、科技等传统领域，也包括网络空间、外太空、深海、极地等新领域，而后者往往尚未建立被普遍接受的国际规则和国际制度。其次是跨国互动方式空前多样。可以是官方、正式的，也可以是非官方、非正式的，也可以是半官方、半正式的，由此导致外交的形式不断更新、内涵不断丰富。再次是跨国互动的过程和结果愈发难以控制。其中有冲突，也有妥协，有对抗，也有合作，竞合关系日益成为国际关系的常态。不仅如此，国际行为体日益多样化，跨国公司、跨国公民社会运动、全球性城市等非国家行为体日益广泛、更为深入地介入跨国事务。非国家行为体之间的互动以及它们与主权国家之间的互动，加剧了跨国互动的复杂性。面对这一国际关系史上从未有过的局面，既有国际规范、国际规则对全球秩序的约束

2018 年 11 月 29 日，2018 中国义乌国际智能装备博览会在浙江义乌国际博览中心举行。

力明显不足。由此，国际关系领域失范和失序的现象自然就会经常发生。

第三，科学技术发展的双重作用日益突出。20 世纪 80 年代以来，科学技术以前所未有的力度和规模突飞猛进，世界大多数国家都把高新技术当作发展国内生产力、提升军队战斗力和威慑力的有效抓手。但科学技术发展对世界整体发展的影响历来都是双刃剑。一方面，它有助于普遍提升国家实力，那些后发现代化国家有可能实现弯道超车，但另一方面，它也会加剧国家之间特别是大国之间的竞争态势，近年来大国之间的科技战轮番上演就是一个有力的例证。此外，基于科学技术进步与军事变革的同步性，国家在科学技术领域的竞争及结果必然会反映到各国军事实力的消长方面，那些科学技术实力强大的国家基本上也是军事实力强大的国家。由于科学技术的进步，战争的经济和政治成本已经大幅下降，大国对其他国家的军事干预的冲动有可能强化。

世界的不确定性，意味着人类认识世界的思想支点难寻。但人类又必须在不确定的世界中寻找确定性，以稳定预期，采取可信任行为，密切彼此间关系，提升文明程度。为此，人类必须充分发挥主观能动性，在确定性的规约下勉力前行。作为人类互动方式的外交也是如此。就中国外交而言，1978 年以来的 40 年间，它始终需要面对和处理世界的不确定性问题，并藉此形成和彰显自己的特质。

三、1978 年以来中国外交的确定性特质持续强化

中国外交是中国与世界互动的主要手段和基本方式。要深刻理解和准确把握 1978 年以来的中国外交特质，首先必须深刻理解和准确把握当今世界的基本特征，其次是要系统梳理 1978 年以来中国外交的发展历程。只有这样，才能发现中国外交的连续性，并从中提炼出中国外交的特有的性质和品格。

（一）“站起来”时代（1949—1978）的中国外交：独立自主传统的确立

鉴于“改革开放以来中国外交政策同以往的外交政策有高度的连续性和继承性”，概要回顾 1949—1978 年间的中国外交是必要的。在这 30 年间，面对两极冷战对峙、南北矛盾加深、地区冲突不断、核军备竞赛轮番升级的世界，中国外交虽然先后实施了“一边倒”“两只拳头打人”“一条线、一大片”等战略，但其目的则始终是：维护国家的主权和安全，与其他国家建立正常外交关系，为国家发展、民族复兴创造适宜的国际环境。在这一时期，除了确立对外关系的基本框架外，中国外交最为重要的成果，就是形成了独立自主原则与和平共处五项原则。前者是当代中国外交最根本的指导原则，坚持这一原则以及由此培养起来的自强自立、不依附于人、不怕鬼、不信邪的精神，

1973 年 9 月，中国总理周恩来与访华的法国总统蓬皮杜友好交谈。

对于维护国家主权和尊严，巩固和发展社会主义制度，发挥了重大作用。而后者作为中国大力倡导的处理国家间关系的基本准则，其精髓就是国家主权平等。总之，面对风云变幻因而始终呈现不确定性的世界，尽管其间确有波折，也走过弯路，1949—1978 年间的中国外交展现出惊人的确定性。这种确定性实际上构成了中国外交的传统，塑造了中国外交的风格。

（二）"富起来"时代（1978—2012）的中国外交：和平、发展、合作、共赢四大理念的生成

1978 年召开的中共十一届三中全会，开启了中国改革开放的大门，使中国与世界的互动进入新阶段。以经济建设为中心的国家发展战略的实施，使得中国的综合国力持续增强并于 21 世纪初叶进入世界前列。中国由此进入"富起来"时代。这一时期的中国外交在继承优良传统的基础上，呈现出与以往不同的形式和内容。

1. 邓小平时期（1978—1992）

基于世界的新特点以及国内发展的迫切需要，特别是对历史经验教训系统深刻的总结，邓小平对中国外交进行了一系列重大调整，包括：将和平与发展视为当今世界的两大主题；更加鲜明地坚持独立自主原则，宣示在国际事务中一切从中国人民和世界人民的根本利益出发，根据事情本身的是非曲直来决定自己的立场和政策；坚持以和平共处五项原则为准则同世界各国改善和发展友好合作关系被确立为中国外交的基本方针，确立了不以社会制度和意识形态的异同论亲疏的外交路线和真正的不结盟政策。由此，中国与美国、日本和苏联三个世界主要大国的关系得以正常化，与周边国家和其他发展中国家的友好关系得以加强，中国外交的新框架得以形成、对外关系的新局面顺利打开。

1979 年 1 月，邓小平受美国总统卡特邀请出访美国，这是中华人民共和国成立后中国领导人第一次访问美国。

2. 江泽民时期（1992—2002）和胡锦涛时期（2003—2012）

在这 20 年间，中国的发展速度明显加快，国际地位和国际影响力显著上升，中国与世界的关系发生了历史性变化。这一时期的中国外交大体延续了邓小平制定的基本方略，同时在若干方面有所创新。江泽民作出了“21 世纪头 20 年是一个必须紧紧抓住并且可以大有作为的重要战略机遇期”的重要判断，更为系统地提出了中国关于建立公正、合理国际政治新秩序的主张，首倡以互信、互利、平等、合作为核心的“新安全观”，主张推进国际关系民主化，强调承认和尊重世界的多样性，呼吁各国通过和睦相处、长期共存以“缔造更美好的世界”。胡锦涛明确提出中国要坚定不移走和平发展道路，强调以人为本、外交为民理念，倡导共建持久和平、共同繁荣的“和谐世界”。中国外交在坚持独立自主原则与和平共处五项原则的基础上，持续强化和平、发展、合作、共赢四种理念。基于上述新理念、新判断和新政策，中国与世界的互动大体呈现良性状态。中国的发展越来越离不开世界，世界的发展也越来越离不开中国。

（三）“强起来”时代初期（2012 年至今）的中国外交：确定性的特质更加鲜明

2012 年召开的中共十八大，标志着中国进入“强起来”时代。中国外交在保持大政方针连续性和稳定性的基础上，弘扬优良传统，结合世界的新特点、新趋势，进一步强化着自己的确定性特质。

1. 对国家身份的认知更加具体系统

1978 年以来，中国在与外部世界日益密切的互动中持续调整自己的身份界定。“社会主义国家”“发展中大国”在较长一段时间里被确立为中国的国家身份。2008 年国际金融危机爆发特别是 2010 年成为世界第二大经济体后，中国的国家身份问题变得更为迫切。“世界上人口最多的发展中国家”“国际社会负责任大国”，是此后一个时期中国对自己国家身份的界定。2013 年 1 月，习近平首次提出中国“将坚定不移地做和平发展的实践者、共同发展的推动者、多边贸易体制的维护者、全球经济治理的参与者”。2016 年 7 月，习近平又指出“中国始终是世界和平的建设者、全球发展的贡献者、国家秩序的维护者”。中共十九大报告确认了上述判断。由此，中国的国家身份界定进一步具体化和系统化。

2. 外交目标和任务更加明晰

中共十一届三中全会召开之后的很长一段时间里，中国外交的目标和任务，“除了一如既往地维护国家独立、主权和社会主义制度之外，主要是配合国家的经济建设和祖国统一大业的完成，并为此创造一个和平的国际环境，特别是有利的周边环境”。中共十八大以来，中国外交将自己的目标和任务更为清晰地确立为以下两个方面：坚定维护国家主权、安全、发展利益，维护和延长中国发展的重要战略机遇期，为实现“两个一百年”奋斗目标、实现中华民族伟大复兴的中国梦提供有力保障；继续高举和平、发展、合作、共赢的旗帜，为中国的和平发展营造更加有利的国际环境，与各国人民同心协力、共同构建人类命运共同体，建设持久和平、普遍安全、共同繁荣、开放包容、清洁美丽的世界。

2017 年 12 月 4 日，旅法大熊猫“圆仔”和“欢欢”的宝宝在法国圣艾尼昂市博瓦勒野生动物园首次公开亮相，正式获名“圆梦”。

2018 年 11 月 23 日，参观者在苏州品牌博览会“一带一路品牌馆”参观。

3. 外交总体布局更加完整

1978 年以来，中国外交的总体布局一直在型构过程中，并于世纪之交确立了如下对外关系格局：“大国是关键，周边是首要，发展中国家是基础，多边是重要舞台。”中共十八大召开以来，中国外交特别强调战略谋划和全球布局。在 2014 年 11 月和 2018 年 6 月召开的两次中央外事工作会议上，中国外交全方位、多层次、立体化的总体布局进一步完善。在全球层次上，以公平正义为理念引领全球治理体系改革，积极推动构建更加平衡、反映大多数国家意愿和利益的全球治理体系；以深化外交布局为依托打造全球伙伴关系网络，扩大同各国的利益交汇点；以共商共建共享为原则推动“一带一路”建设，同各国分享共同发展机遇，开辟共同发展的前景。在周边，坚持与邻为善、以邻为伴的外交方针，秉持“亲诚惠容”理念，不断深化互利合作和互联互通，构建周边命运共同体。在与大国关系方面，推进大国协调合作，切实运筹、着力构建总体稳定、均衡发展的大国关系框架。

在与新兴经济体和发展中国家关系上，秉持正确义利观和真、实、亲、诚理念，加强彼此间的团结合作。

4. 外交体制机制更加完善

中共十八大召开之前，多方面因素的综合作用，使得中国外交体制机制在走向多元化的同时也出现了分散化的倾向。中共十八大召开以来，完善中国外交体制机制的工作有序推进：进一步强调“外交大权在党中央”的基本原则，坚持以维护党中央权威为统领，加强党对对外工作的集中统一领导；强调政党、政府、人大、政协、军队、地方、民间等条块的统筹协调，形成“党总揽全局、协调各方的对外工作大协同局面，确保党中央对外方针政策和战略部署落到实处”。组建中央外事工作委员会和国家安全委员会，成立外交部国际经济金融委员会和国际法咨询委员会等专门机构。

2017 年 7 月 18 日，中国国家主席习近平在北京人民大会堂同巴勒斯坦国总统阿巴斯举行会谈。会谈后，两国元首共同见证了外交、经济、人员培训和文化等领域双边合作文件的签署。

5. 外交姿态更加进取

1978—2012年的30余年间，中国外交总体上呈现“韬光养晦、有所作为”的姿态。这与中国共产党对中国国力的现实状况及发展趋势、中国与世界关系走向的基本判断直接相关。在中共十八大之后，面对国力快速增长以及与世界关系的历史性变化，中国外交突出强调要“有鲜明的中国特色、中国风格、中国气派”，日益显示“奋发有为”的风范，表现为更具全球视野，更有开拓意识，更加自信稳健，在国际事务中更加积极地发出中国声音、提出中国倡议、贡献中国智慧、体现中国作用。

总之，1978年以来特别是2012年以来的中国外交的确定性特质更为鲜明，中国的国际影响力、感召力、塑造力也因此进一步得到提升。这与日益不确定的世界形成鲜明对比。

四、为什么当代中国外交能够持续彰显确定性的特质？

（一）与中国共产党所秉持的科学思想方法有关

中国共产党历来高度重视思想方法问题。毛泽东反复强调“研究方法论”的重要性。江泽民指出：“正确的思想方法，就是用辩证唯物主义的观点，科学、全面、实事求是地分析和处理问题。”习近平提出了战略思维、历史思维、辩证思维、创新思维、底线思维等五种科学思维形态，以及把握国际形势必须树立正确的历史观、大局观、角色观。中国共产党人所秉持的科学思想方法，也是当代中国外交的思想方法，它有力提升了中国外交决策者观察中国与世界的关系、分析和解决外交问题的能力，不断增强着中国外交的科学性、预见性、主动性和创造性。

（二）与中国共产党对历史发展规律的深刻认识有关

早在 20 世纪 60 年代，毛泽东就指出："如果要看前途，一定要看历史。"江泽民强调："为了适应扩大国际交往的需要，更好地学习借鉴世界各国的长处，还要了解世界的历史。"习近平同样高度重视学习历史。他说："世界的今天是从世界的昨天发展而来的。今天世界遇到的很多事情可以在历史上找到影子，历史上发生的很多事情也可以作为今天的镜鉴。重视历史、研究历史、借鉴历史，可以给人类带来很多了解昨天、把握今天、开创明天的智慧。所以说，历史是人类最好的老师。"几代中国共产党领袖——也是当代中国外交的最高决策者——对中外历史的系统学习、对历史经验的深刻总结，有助于把握历史规律，认清历史趋势，做好现实外交工作，并更好地走向未来。

2018 年 12 月 14 日，中外合拍纪录片《中国：变革故事》在国家博物馆举行全球首发仪式。

2016 年 8 月 15 日，中国外交部在北京举行中外媒体吹风会，介绍习近平主席即将出席并主持二十国领导人第十一次峰会及出席有关活动情况，并回答记者提问。

（三）与中国共产党对当今世界基本特点的正确认识有关

自 20 世纪 80 年代中期开始，中国共产党对世界基本特点的认识在保持相对稳定的同时，又根据形势变化进行适当调整。进入 21 世纪以来，特别是中共十八大召开之后，中国共产党虽然意识到“世界正处于大发展大变革大调整时期”，“世界面临的不稳定不确定性突出”，但仍坚持认为“和平与发展仍然是时代主题”。习近平则提出了“历史交互期”这一崭新概念，指出要深入分析世界转型过渡期国际形势的演变规律，准确把握历史交汇期中国外部环境的基本特征，辩证看待世界多极化加速推进与大国关系深入调整、经济全球化持续发展与世界经济格局深刻演变、国际环境总体稳定与国际安全挑战错综复杂、各种文明交流互鉴与不同思想文化相互激荡的关系。这一切都表明，当代中国共产党人对当今世界基本特点有着清醒的认识和准确的把握。

（四）与中国共产党对中国发展道路的坚定信念有关

坚持和发展中国特色社会主义，是当代中国发展进步的根本保障。习近平指出：实现中华民族伟大复兴，是中华民族近代以来最伟大的梦想。实现中国梦必须走中国道路，这就是中国特色社会主义道路。中国梦是和平、发展、合作、共赢的梦，它与世界各国人民的美好梦想息息相通。中国梦不仅关乎中国的命运，也关系世界的命运。在2018年6月举行的中央外事工作会议上，习近平又将“坚持以实现中华民族伟大复兴为使命”“坚持以维护世界和平、促进共同发展为宗旨”“坚持以中国特色社会主义为根本”列为中共十八大以来中国外交思想的重要内容。

正是上述诸多因素的综合作用，中国外交才有了“乱云飞度仍从容”的战略定力和战略自信。40年来，面对日益不确定的世界，中国外交攻坚克难、砥砺前行，经历了各种风险的考验，打赢了大仗硬仗，办成了大事难事，取得了历史性的成就。

五、在更加不确定的世界中继续彰显中国外交的确定性特质

如前所述，不确定性是世界的固有属性，未来的世界可能具有更大不确定性。而对不确定，人们大体上有悲观主义和乐观主义两种截然不同的态度。前者使人或无所作为，或自我放纵；后者则使人有所作为，发挥创造性，彰显主体性。

深谙历史发展规律的马克思主义创始人是谨慎的乐观主义者。恩格斯就曾预言，“历史最终会将一切都纳入正轨。”中国共产党人继承了先贤的这种乐观主义精神，并加以发扬光大。20世纪50年代中叶，毛泽东就告诫党内同志：“我们可以藐视而且必须藐视人世遭逢的任何巨大的困难，把它们放在‘不在话下’的位置。这就是我们的乐观

1972 年 2 月，毛泽东主席会晤访华的美国总统尼克松。

主义。”20 世纪 90 年代初，面对国际关系特别是世界社会主义运动发生的一系列重大变化，面对国内外弥漫着的焦虑、茫然甚至悲观、绝望的情绪，邓小平虽然承认现在国际形势不可测的因素多得很，矛盾越来越突出，“怎样收拾，谁也没有个好主张”，但他强调“社会历史发展不可逆转的总趋势”，告诫人们“不要惊慌失措”。习近平郑重指出：“我们生活的世界充满希望，也充满挑战。我们不能因现实复杂而放弃梦想，不能因理想遥远而放弃追求。”面对未来，中国特色社会主义发展已有了“战略安排”，中国外交也已有了完整清晰的顶层设计。蓝图已经绘制，需要的是锲而不舍、驰而不息的坚强意志，需要的是不务虚名、不务虚工的实干精神。已经深刻认识世界不确定性特征并且学会与不确定性打交道的中国共产党人，已经有能力坦然应对“黑天鹅”满天飞、“灰犀牛”遍地跑的局面。由此可以预见，未来中国外交必将展现更大的确定性。这对于回应“世界向何处去”“中国向何处去”这两个举世关注、影响深远的重要议题是十分必要的。

作者王存刚，教授，博士生导师，同济大学政治与国际关系学院副院长兼外交学系主任、中国战略研究院副院长。

新时代中国国际战略思想与战略布局

袁　鹏

从中国共产党十八大布局新时期中国的大战略，到中共十九大启动新时代中国发展新征程，中国从大国迈向强国的国际战略思想与战略布局不仅跃然纸上，而且正全面指导中国新的国际战略实践；不仅已产生若干具有重大历史性意义的战略成果，而且必将继续引领中国在国际舞台上发挥更大作用。本文拟结合从中共十八大到十九大这五年中国的国际战略实践，全面梳理和总结新时代中国的国际战略思想与布局，以期从一个截面深化对习近平新时代中国特色社会主义思想及新时代中国大战略的理解。

一

中共十八大以来的五年，以习近平同志为核心的中国新一代领导集体，大体从以下六个方面思考和谋划新时代中国国际战略。

（一）提出了一系列既有历史继承性又有时代创新性的国际战略思想、理念、理论、倡议，从而为新时代中国国际战略的展开提供了重要思想指引。

理论是实践的指导，思想是行动的指南。新中国成立以来的各个历史阶段，中国领导人都曾提出并形成带有鲜明时代特征的国际战略思想，进而指导各时期中国的国际战略实践。如毛泽东的“一边倒”“两个中间地带”“三个世界划分”等战略思想；邓小平“世界大战打不起来”“和平与发展”时代主题等形势判断，“韬光养晦、有所作为”“不当头，不扛旗” “搁置争议，共同开发” 等战略思想；江泽民关于世界多极化和经济全球化的时代论述及“重要战略机遇期” 等战略思想；胡锦涛关于推动建立 “持久和平、共同繁荣的和谐世界” 等战略思想；等等。上述战略思想虽各具特色且带有不同时代的印记，却也都贯穿着若干共同的思想理念，包括始终从国际大势和国际格局高度判断中国的战略环境，始终从维护中国的战略利益和国家安全角度塑造中国的战略环境，始终坚持独立自主的和平外交，始终强调不结盟、不称霸，始终大力拓展国际统一战线和深化同发展中国家关系，等等。

以习近平同志为核心的新一代领导集体在思考和谋划新时代中国国际战略时，继承了新中国国际战略思想的伟大成果，同时汲取中国传统战略文化的有益养分，借鉴国外战略理论和实践的丰富经验，将之与新时期中国的时空定位、国际角色、战略目标相结合，更加注重

2018 年 11 月 10 日，中国国际进口博览会在上海举行，各国国家馆精彩纷呈。

把握国内国际两个大局的系统联动及发展与安全之间的动态平衡，从而形成一系列具有鲜明时代特色、中国气象和世界影响的国际战略新思想。

其中最具特色和引领性的思想是“合作共赢”与“人类命运共同体”，前者是新时代中国国际战略的重要思想基础，后者则是新时代中国国际战略的愿景目标。改革开放以来，尤其是进入新世纪以来，中国外交高举和平、发展、合作大旗，强调和平发展，倡导“和合”理念，对“共赢”思想虽有提及，却鲜有系统性的阐发。正式将“合作共赢”纳入中国国际战略的核心理念，始自2012年中共十八大报告。报告指出，“合作共赢，就是要倡导人类命运共同体意识，在追求本国利益时兼顾他国合理关切，在谋求本国发展中促进各国共同发展。”而这一思想的源头，是时任国家副主席的习近平2012年7月7日在清华大学“世界和平论坛”的开幕致辞中被国际社会广为关注的一段话：

“一个国家要谋求自身发展，必须也让别人发展；要谋求自身安全，必须也让别人安全；要谋求自身过得好，必须也让别人过得好。各国必须坚持以合作的胸怀、创新的精神、负责任的态度，同舟共济，合作共赢，共同应对各种问题和挑战，携手营造和谐和稳定的国际和地区安全环境。”

合作共赢思想之所以一经提出即引起国内外高度重视，是因为它超越了社会制度差异、意识形态对立和价值观念分歧，尤其是西方战略界一再渲染的“文明冲突”，以更加宽广包容的胸怀看待世界、看待中国和世界的关系，体现了新时代中国的战略自信。此后，合作共赢几乎成为新时代中国国际战略各个方面的最重要思想指引和核心理念，比如推动建立“以合作共赢为核心的新型国际关系”，构建“相互尊重、合作共赢的新型大国关系”。“一带一路”倡议所确立的“共商共建共享”原则，体现的也是合作共赢思想。

如果说合作共赢是新时代中国国际战略的思想起点，那么，打造

2018 年 5 月 27 日，由守望地球野外科研志愿者机构举办的“全球气候变化与世界和平论坛”在北京举行。图为联合国政府间气候变化专门委员会核心专家拉杰德拉•山地先生与嘉宾为守望地球野外科研志愿者颁发科考证书。

人类命运共同体则是新时代中国国际战略追求的最终目标，二者互为支撑，实为一个体系的双核。从中共十八大报告正式提出要“倡导人类命运共同体意识”以来，习近平主席在多个国际重大场合反复提及这一重要思想，从“中非从来都是命运共同体”到建立“一个更加紧密的中国 – 东盟命运共同体”，从牢固树立“亚太命运共同体意识”到打造“中阿命运共同体”再到“中拉命运共同体”，及至 2015 年 9 月，习近平主席在第 70 届联合国大会演讲中公开指出，“我们要继承和弘扬联合国宪章的宗旨和原则，构建以合作共赢为核心的新型国际关系，打造人类命运共同体。”2017 年 1 月 18 日，习近平主席在联合国日内瓦总部发表《共同构建人类命运共同体》的重要演讲，进一步明确提出“构建人类命运共同体，实现共赢共享”的中国方案；

2月10日，联合国社会发展委员会第55届会议协商一致通过“非洲发展新伙伴关系的社会层面”决议，“构建人类命运共同体”理念首次被写进联合国决议。至此，“打造人类命运共同体”成为新时代中国国际战略最响亮的口号和最鲜明的符号，成为中国对未来国际秩序的一种期许。在中共十九大报告中，构建人类命运共同体同建设“持久和平、普遍安全、共同繁荣、开放包容、清洁美丽”的世界联系在一起，意味着中国首次对人类命运共同体的具体内涵作了全面阐述。

在由合作共赢理念达致人类命运共同体愿景之间，中国奉行的战略是坚持走“和平发展道路”，阶段性目标是推动构建新型国际关系。对于“和平发展道路”，以习近平同志为核心的新一代领导集体在坚持强调中国“通过争取和平国际环境发展自己，又以自身发展维护和促进世界和平”的同时，基于国际局势的新变化和中外互动的新发

2015年6月26日，时任联合国秘书长潘基文（右）在旧金山出席《联合国宪章》签署及联合国成立70周年庆祝活动。

展，对新时代中国如何走和平发展道路提出了一系列新见解，包括："和平发展道路能不能走得通，很大程度上要看我们能不能把世界的机遇转变为中国的机遇，把中国的机遇转变为世界的机遇，在中国与世界各国良性互动、互利共赢中开拓前进。"这里强调的是和平发展道路并非想当然，而是有条件的，即，既要科学把握中国面临的战略机遇，又要发挥主观能动性实现世界机遇与中国机遇的相互转换。

习近平主席还指出，"我们要坚持走和平发展道路，但绝不能放弃我们的正当权益，绝不能牺牲国家核心利益。任何外国不要指望我们会拿自己的核心利益做交易，不要指望我们会吞下损害我国主权、安全、发展利益的苦果。"这里强调的是不能为了和平发展而和平发展，而要始终把握坚持和平发展道路与捍卫国家核心利益之间的辩证关系。

最后，习近平主席还强调，"中国走和平发展道路，其他国家也要走和平发展道路，只有各国都走和平发展道路，各国才能共同发展，国与国才能和平相处。"这里强调的是，走和平发展道路并非一厢情愿的事，而是需要各国心心相印、遥相呼应，走共同和平发展之路，否则"一个巴掌拍不响"。在上述思想指导下，中国和平发展道路作为中国的国际大战略，论述更全面，内涵更丰富，意义更重大，因而也更加具有现实性和可操作性。

对于推动建设新型国际关系，经过过去五年的具体实践和理论探索，中国共产党在十九大报告中对其内涵给予了更加全面、准确的表述，由过去单纯讲"合作共赢"，变成了"相互尊重、公平正义、合作共赢"，其中相互尊重是前提、公平正义是核心、合作共赢是目标。由此，新型国际关系的内涵更加丰富也更加具体，成为中国新时代国际战略可以为之努力的阶段性目标。

由此，"合作共赢－和平发展道路－新型国际关系－人类命运共同体"四位一体，形成一套完整的思想体系。其中，合作共赢是思想基础，和平发展是战略选择，新型国际关系是阶段性目标，人类命运共同体是终极追求，四者环环相扣、互为联系，体现的是中国特色，表达的是时代精神，传递的是世界意义。

在这一思想体系之下，中共十八大以来还形成了一系列新的国际战略思想、理念，包括：总体国家安全观，中国特色大国外交，新型大国关系，“亲诚惠容”的周边外交思想，“正确义利观”引领下的发展中国家外交理念，创新、协调、绿色、开放、共享的新发展理念，共同、综合、合作、可持续的安全观，理性、协调、并进的核安全观，和平、安全、开放、合作、有序的网络安全观，等等。由此，中国特色的安全观、发展观、合作观、文明观、全球治理观、国际秩序观等各自渐趋成型，且彼此联动、相辅相成，成为既系统全面又深入具体的思想体系，成为新时代中国国际战略，在推动中国从大国迈向强国的伟大征程中提供了顶层的思想指引。

（二）在完善优化既有机制基础上，搭建了一整套新的组织、机构，从而为统筹协调新时代中国国际战略实践提供了组织、体制、机制上的保障。

体制机制、组织机构是确保顶层思想设计得以全面贯彻执行的关键。中共十八大以来，尤其是十八届三中全会以来，围绕“五位一体”总体布局和“四个全面”战略布局，中央自上而下完善并创设了包括全面深化改革领导小组在内的多个领导小组或委员会，确保党的大政方针和改革方案在务实高效前提下得到全面落实。国际战略层面，中国对外面临异常复杂的国际环境，对内面对各种利益群体的不同诉求，现有组织机构已无法完全适应中国国际地位和国际环境的新变化。相应地，一系列新的组织机构应运而生，挑起了中国国际战略实践的大梁。

一是成立中央国家安全委员会，建立集中统一、高效权威的国家安全体制。 当前中国国家安全内涵比历史上任何时候都要丰富，时空领域比历史上任何时候都要宽广，内外因素比历史上任何时候都要复杂。中央国家安全委员会作为中共中央关于国家安全工作的决策和议事协调机构，向中央政治局、中央政治局常务委员会负责，主要职责和功能就是统筹国内和国际两个大局，整合对内对外两个事务，完善国家安全体制机制，制定国家安全战略。成立中央国家安全委员会，可以更好适应国家安全面临的新形势新任务，加强对国家安全工作的领导。

二是成立中央网络安全与信息化领导小组，建设网络强国。 习近平主席提出，没有网络安全就没有国家安全，没有信息化就没有现代化。截至 2017 年 6 月，中国网民规模达 7.51 亿人，占全球网民总数的 1/5，互联网普及率为 54.3%，超过全球平均水平 4.6 个百分点；当今世界十大互联网公司中，美国占 6 家，中国占 4 家。新设立的中央网络安全和信息化领导小组着眼国家安全和长远发展，统筹协调涉及经济、政治、文化、社会及军事等各个领域的网络安全和信息化重大问题，研究制定网络安全和信息化发展战略、宏观规划和重大政策，推动国家网络安全和信息化法治建设，不断增强安全保障能力。

三是成立中央海洋权益工作领导小组，结束了“九龙治海海不治”的局面。 过去，包括海军、海洋局、农业部、海警等在内的 17 个部门都有管理海洋的职能，被称为“九龙治海”。当前中国的海洋维权斗争如此复杂，需要成立中央级的机构来统筹协调。中央海洋权益工作领导小组的中心工作就是统筹指导中国迈向海洋强国的发展战略。小组成立之后，中国海洋维权工作与以前相比出现了焕然一新的风格和面貌，例如在东海建立了防空识别区，在钓鱼岛海域巡航实现了常态化，在南海维权斗争中取得阶段性胜利等，有力地保证了国家海洋权益。

2017 年 9 月 16 日，由中国国家海洋局和欧盟驻华使团联合主办、中海油公司协办的“中欧蓝色年”——“蓝色海洋”海滩清洁日活动上，小朋友在停靠在天津港的一艘浮式生产储油卸油装置（FPSO）的直升机平台上留影。

四是成立中央军委深化国防和军队改革领导小组。围绕“听党指挥、能打胜仗、作风优良”这一新形势下的强军目标，以“军委管总、战区主战、军种主建”为总抓手，以前所未有的深度、力度、广度深化军队改革，使中国人民解放军的体制、结构、格局、面貌焕然一新，人民军队实现历史性变革。

五是成立国家高端智库建设领导小组，打造服务于中国新时代国际战略的智力平台。2015 年底，国家首批入围的 25 家高端智库试点单位正式公布，其中包括中央党校、原国家行政学院、国防大学、军事科学院等 10 家部委级智库，以及包括中国现代国际关系研究院在内的 15 家专门智库。其最终目的，是将散落在政府、企业、高校乃至民间的智库进行有效整合，人员重组，目的是集中优势兵力，打造

50—100 家国家级的高端智库，为国家的发展提供急需的智力产品，支撑中国作为一个大国、强国的智力需求。

（三）形成了全方位、多层次、立体化的总体国际战略布局，从而为新时代中国国际战略的推进指明了方向和路径。

其中管总的有二：一是打造全球伙伴关系网络，二是寻求各国利益交汇点。这两条是中国特色大国外交最鲜明的特色。前者意味着中国摒弃过时的结盟外交尤其是军事同盟做法，奉行“结伴不结盟”外交理念；后者意味着中国着意管控矛盾分歧、聚焦寻求共同利益，强调“对话不对抗”。在这之下，中国新时代国际战略布局大体形成了五大支点。

一是逐渐形成了大国与周边“双重点”的布局。中国外交素有“大国是关键、周边是首要”的提法，但“关键”和“首要”哪个更重要，往往莫衷一是，在外交实践中事实上长期以大国外交为重点，甚至以

2017 年 7 月 23 日，拉美西语国家媒体团成员在山东青岛东方影都参观采访。

“重中之重”的说法描述中美关系的特殊重要性。中共十八大以来，这一局面发生微妙变化。一方面，随着东海、南海、台海局势的深刻变化，中国周边安全形势更趋严峻复杂，周边外交的重要性和紧迫性日益突出。在这一背景下，2013 年中国召开新中国成立以来首次周边外交工作座谈会，全面分析周边形势、谋划周边战略；另一方面，随着美国亚太“再平衡”战略的推进，以及俄罗斯“南下”、印度“东进”、澳大利亚“北上”、日本“西出”，大国力量已然全面辐射到中国周边，大国外交和周边外交已然高度重叠在一起，如何从周边外交角度思考中国同大国之间的关系，以及如何思考及应对中国大国外交中的周边因素，已经成为新时代中国对外战略必须系统谋划的全新课题。在这一背景下，新时代中国对外战略布局更加注重大国与周边的平衡，更加注重从中美邻、中俄邻、中欧邻等三边关系视角分析和看待形势。同时，在处理大国关系时，强调构建“总体稳定、均衡发展”的大国关系框架，意味着对各大国关系各有不同内涵。

二是逐渐形成了对非洲与拉美国家的“两翼齐飞”。中国的亚非拉外交有着深厚的传统和根基，如何使中非、中拉关系升级换代，在新时代找准新定位、确定新方向，关系到中国特色大国外交能否行稳致远。中共十八大以来，以习近平同志为核心的新一代领导集体明显加大对非、对拉外交的重视和投入，并从战略高度给予全面谋划。2013 年南非举办金砖峰会期间，习近平主席利用访问南非的契机，与 14 位非洲国家领导人实现会晤；无独有偶，在同年随后的拉美之行中，习近平主席又与加勒比海地区的 8 位国家领导人实现会晤，并于次年与拉美 12 国领导人集体会晤。这三次会谈奠定了新时代中国与非洲、拉美等发展中国家层面的外交思想，即确定将坚持正确的义利观作为指导中非、中拉外交的总指针。所谓正确的义利观，即全面准确把握经济利益、物质利益和国际道义、国际责任之间的平衡，既以现实利益为基础推动与各国关系的发展，又体现新时代中国的新责任与新担当。在这一总指针之下，根据不同国家的实际状况，做到义和利的动态平衡。具体到中非关系，要努力做到“真、实、亲、诚”；对中拉关系，则提出“1+3+6”的合作框架和“3×3”的合作模式。

三是逐渐实现了以全球治理和区域治理统领多边外交。 APEC 北京会议、G20 杭州峰会、“金砖”厦门峰会、“一带一路”国际合作高峰论坛，新时代中国的多边外交风生水起，亮点频频。其他如亚信峰会、上合峰会、博鳌论坛、香山论坛等等，中国对多边外交的积极投入和热情参与可谓力度空前。这既同中国日益走近国际舞台中心的国际地位有关，也源于中国新时代的国际观、世界观和秩序观。经过过去几年的实践摸索，中国逐渐找准了全球治理和区域治理这根主线，以此将形形色色、看似杂乱的多边外交统领起来，使其形散实不散，共同服务于中国外交大局和总目标，一下子就使新时代中国的多边外交生动起来。而在美欧等传统西方力量对全球治理意愿下降、投入不足，世界各国又期待通过全球治理治乱维稳促发展的大背景下，中国加大对全球和区域治理的投入可谓恰逢其时、事半功倍，达到了超出

2014 年 11 月 10 日晚，北京奥林匹克公园为 APEC 会议举行焰火表演。

2018 年 11 月 8 日，以“改革开放的中国与世界”为主题的博鳌亚洲论坛青年会议在香港会展中心举行。

预期的良好效果。

四是逐渐将公共外交与人文交流打造成为新时代中国国际战略的重要补充。“国之交在于民相亲”，中国历来重视人文交流，人文交流在新中国外交史上也曾发挥重要作用。但真正将人文交流和公共外交提升到中国国际战略全局性、战略性的高度，始自中共十八大。从定位看，人文交流逐渐同经贸互利、战略合作一起，鼎足而三，共同支撑起新时代中国大国外交的总体框架；从实践看，公共外交与人文交流首次将政府引领与民间参与联接在一起，将文化、教育、体育、艺术、卫生、青年、妇女、地方等领域的力量统合起来，形成服务新时代中国外交的新生力量和源头活水，使其成为政治、经济、安全关系的有益补充，也使新时代中国大国外交的布局更完善。

五是军事外交与军事斗争相得益彰，共同推进。 军队的使命就是

2019年1月27日，在江苏无锡商业职业技术学院国际教育学院，来自塔吉克斯坦、柬埔寨、印度尼西亚等“一带一路”沿线国家的60余位留学生在热闹喜庆的气氛中感受中国年。

准备打仗，时刻作好军事斗争准备是军队建设的核心要旨和应有之义。但在和平年代，如何在准备军事斗争的同时搞好军事外交也是一个新课题，它需要解放思想，更需要战略自信。应该说，新时代中国的战略布局较好地实现了二者间的平衡，即一方面，中国军事现代化建设如火如荼，军事斗争准备更加扎实充分，另一方面，军事外交活动也空前活跃。以中美两军关系为例，从军队院校互访到联合军演，从两军对话到国防热线，两军交往的频度、广度、深度令人印象深刻，对军事互信建设和战略关系稳定产生了不可替代的特殊作用。

（四）以“一带一路”为抓手，联通国内国外两个大局，盘活总体战略布局，塑造面向“两个一百年”奋斗目标的全球大布局。

新时代中国国际战略既有上述“五位一体”的新布局，也有“一带一路”为抓手的新重点，前者是目，后者是纲，纲举目张，从而使静态的战略布局得以动态展示，以政策沟通、设施联通、贸易畅通、资金融通、民心相通等“五通”的方式，将总体战略布局具体化、实践化，从而落地生根、开花结果。

“一带一路”倡议是习近平主席2013年亲自提出来的，堪称中国新时代国际战略思想和布局的神来之笔。“一带一路”倡议具有四方面重大现实意义。一是服务于新时代中国的国内发展大局。由于“一带一路”，先前不具经济优势和政策优势的西部经济带被迅速带动起来，西安、乌鲁木齐等传统内陆城市摇身一变成为对外开放城市或丝绸之路的新起点，整个西部地带顿时活跃起来，焕发出前所未有的生机，由此使西部经济带同长江经济带、京津冀经济带并立，共同发展。二是践行新时代周边外交新理念。通过“一带一路”体现“亲诚惠容”，用互联互通的新方式使中国崛起的效应惠及周边国家，打造周边命运共同体，使世界上邻国最多、最复杂的中国周边环境总体趋于平稳。三是体现新时代中国的大国担当。在逆全球化、反自由贸易、民粹主

2019年1月12日，第三届“一带一路”国际时尚周在西安启幕。

2017 年 5 月 15 日，“一带一路”国际合作高峰论坛在北京雁栖湖国际会议中心举行圆桌峰会，中国国家主席习近平同与会领导人和国际组织负责人集体合影。

义泛滥的当下，传统西方大国要么躲进小楼成一统，要么谋求自私的贸易保护主义，一时间世界发展迷失了方向。“一带一路”倡议适时提出，中国不仅为全球及时提供公共产品，而且通过联通的方式聚拢人心，再通过“共商共建共享”的原则展示了顺应时代潮流的发展方向。全球近百个国家积极响应“一带一路”倡议，谋求将其同自身发展战略进行对接，正是借此重获方向感的正常选择。因此，中共十九大报告以“国际合作新平台”和“共同发展新动力”来定位“一带一路”，可谓恰如其分。四是着眼勾画面向未来的全球布局。“一带一路”从最初的倡议变成如今的蓝图，越来越具有某种大战略的轮廓。特朗普的前白宫特别顾问班农近期反复提及，中国的“一带一路”糅合了麦金德的“欧亚大陆中心论”和马汉的“海权论”，以及斯皮克曼的“边缘地带论”。此种说法虽言过其实，带有强烈的臆断色彩，但客观上讲，随着“一带一路”倡议渐趋深入落实、推广，一种带有中国特色的、和平发展的、合作共赢的全球大战略布局已经隐隐然浮现在眼前。如果说从世界大国到强国必须有自己的全球战略布局的话，“一带一路”的发展前景最具这种特质。通过“一带一路”建设，连接起中国和世界，践行中国和平发展思想，打造面向“两个一百年”奋斗目标、着眼全球的大布局，契合了中国倚陆抱海的地理环境和特征，符合中国以和平方式实现崛起的方略。

（五）直面争议、坚定维权、有序推进，稳妥处理中国同周边国家的主权领土争端，在捍卫主权领土完整的同时，维护了同周边国家关系的总体和平与整体稳定。

中共十八大以来，中国更加敢于直面同相关国家的领土主权争端，也更加坚定地维护主权领土完整。根本原因在于，随着时间推移和情势变迁，相关国家罔顾同中国达成的战略共识或默契，往往借地利之便，将中国的善意转化为捞取实利的机遇，结果，共同开发变成单方面开发，搁置争议也被置之脑后、束之高阁。2009 年以前，虽然相关国家间存在摩擦，矛盾却总体保持可控。但从 2009 年起，南海问题开始步步升级，如任其发展不予应对或反制，则对中国捍卫正当权益构成严峻挑战。对此，中共十八大以来，以习近平同志为核心的新一代领导集体意志更坚定、立场更坚决、行动更果断。习近平主席指出，“中国人民不信邪也不怕邪，不惹事也不怕事，任何外国不要指望我们会拿自己的核心利益做交易，不要指望我们会吞下损害我国主权、安全、发展利益的苦果。”王毅外长在多个场合强调，“维护自身领土主权，防止正当权益受到蚕食，天经地义，理所当然”；“在涉及领土和主权的问题上，中国的立场坚定而明确：不是我们的，一分不要；该是我们的，寸土必保。”在围绕南海问题尤其是“南海仲裁案”的外交斗争中，前国务委员戴秉国称仲裁结果“不过是一张废纸”。上述表态从不同层次不同侧面表达了新时期中国对捍卫主权领土完整的坚定立场。在外交实践层面，中国顶住压力、以我为主，划设了东海防空识别区，实现了钓鱼岛巡航常态化，积极推进了南海岛礁建设，挫败了菲律宾南海仲裁案的图谋，取得了举世瞩目的重大成就。与此同时，习近平主席也反复强调，“中方愿同东盟国家一道努力，将南海建设成为和平之海、友谊之海、合作之海。”在处理领土主权争端问题上，中国政府始终把握节奏和分寸，讲求有理有利有节，也因此在捍卫主权领土权益的斗争中保持了同相关国家关系的总体稳定。

（六）不拘形式、不落俗套，创造性地展开多形式外交实践，为新时代中国国际战略的推进打开新局面、带来新气象。

中共十八大以来，中国领导人开创了“点穴式访问”（韩国）、“总部式访问”（欧盟总部布鲁塞尔）、“一对多会晤”（同非洲 14 国领导人、拉美 12 国领导人会晤）等多种外交形式，不仅令人耳目一新，而且收到良好效果。其中最突出的，是中美之间的元首外交。

2015 年 9 月 25 日，时任美国总统奥巴马与夫人米歇尔在白宫举行仪式，欢迎来访的中国国家主席习近平与夫人彭丽媛。

习近平同奥巴马之间，2013年的“庄园会晤”，2014年的“瀛台夜话”，2015年的“白宫秋叙”，2016年的“西湖长谈”，都是创新形式的经典。这种形式创新延续到同美国新任总统特朗普之间，那就是著名的“海湖庄园会晤”。通过这些形式创新，两国元首可以暂时撇开繁文缛节，深度沟通彼此关切，达到增信释疑、管控分歧、探讨合作的效果。以习特“海湖庄园会晤”为例，两国元首之间不仅迅速建立起良好的个人关系，而且搭建了外交安全、全面经济、社会与人文、执法与网络安全等四个高级别对话机制，不仅使中美关系迅速回归正轨，而且有助未来继续保持稳定发展态势。其后，通过精心安排十九大后特朗普首次对华国事访问，上述成果得到进一步夯实。正是在这个意义上，习近平主席在与特朗普总统北京会晤时表示，要“继续发挥元首外交对两国关系的战略引领作用”。

上述六个方面，从思想理念到组织架构，从全面布局到抓重点破难点，再到创新形式最大效率发挥元首外交的引领性作用，一套适应中国大国身份、着眼中国强国地位的国际战略思想与布局非常清晰地呈现出来，让人耳目一新，眼前一亮，心中有底，胸中有数。

二

好的思想引领和顶层设计，加之完整的布局和重点的落实，必然会产生良好的效果。概而言之，新时代中国的国际战略至少取得了以下三大历史性成就。

第一，中俄关系进入历史最高水平，中欧关系进入历史最好时期，中非、中拉关系进入黄金发展期，中国同中亚、阿富汗、巴基斯坦关系总体良好，由此，中国首次形成“背北面南、坐西向东”的地缘战略态势，这具有重大历史性意义。纵观中国历史，无论是漫长的封建中国时期还是新中国成立以来相当长的时期，中国的主要安全威胁多

2019 年 1 月 14 日晚，中国－东盟人文交流纪录片《丹行线》印尼篇发布暨东盟其他国家摄制启动仪式在印尼首都雅加达举行。图为中国驻东盟大使（右一）与泰国常驻东盟代表（右二）在欣赏中国字画。

来自西线、北线，中国为此投入巨大的战略资源，并使得长时期以来无暇或无力应对来自东线、南线的海上安全挑战，导致矛盾累积叠加、问题日积月累，形成安全困境。“背北面南、坐西向东”局面的形成，为中国下一阶段的国际战略直面来自东海、南海、台海的压力，解决海上的争端创造了条件。事实上，在“亲诚惠容”周边外交新理念的指引下，中国同东盟多数国家关系总体良好，这也为日后妥善处理相关领土主权争端奠定了基础。

第二，中国通过倡导“一带一路”建设和推进南海岛礁工程，历史性地拓展了中华民族的生存空间、发展空间、利益空间和战略空间；中国同美国在西太平洋地区的地缘战略博弈渐由战略被动转为战略相持，这同样具有重大历史性意义。“一带一路”倡议的历史意义，在于中国以和平的方式和“五通”的形式将自身利益同他国利益连接在一起，形成利益攸关方和命运共同体，在合作共赢的精神指引下使自身利益得到延伸，这既不同于传统大国以坚船利炮为自己利益开道，也不是将自身意愿强加给别国，而是在共商共建原则下实现责任共担、利益共享。南海岛礁建设的历史意义，则在于中国在自身主权范围内脚踏实地地修建基础设施、改善守护条件，使中国第一次能够真正地依靠自身实力捍卫南海主权，在南海真正站稳脚跟，使300万平方公里的海域同960万平方公里的陆地“陆海联接”，为中国从大国向强国迈进奠定重要的物质基础。

中美在西太平洋地区的战略博弈，近处看，源自2012年以来美国亚太“再平衡”战略在中国周边的全面实施，由此给中国形成巨大的战略压力，引发中国的强力反弹，致使中美亚太如何共处成为重大战略性课题；远处看，则可溯源到自1840年鸦片战争以来中国在周边地带影响力的逐渐式微，以及西方列强在该区域影响力的全面提升。从1898年美西战争美国获得对关岛的占领和对菲律宾的控制，到二战期间美国在东南亚地区继续扩展影响力，再到战后美国拼凑东南亚条约组织对抗“红色中国”，过去百年，美国为首的西方世界实际上后来居上，在西太平洋地区处于主导地位。相应地，中国影响力的重新上升主要是在20世纪90年代以后。但是，历史轮回，风云变幻，中国通过自身超高速的和平崛起，自然而然地重获在西太平洋地区的战略影响力，这是大势所趋。而美国则自认为是“亚太国家”，不甘近百年的主导权易手，因此合纵连横，极力维护在亚太地区的主导地位。从奥巴马的亚太“再平衡”到特朗普的“印太”新战略，提法或概念虽有不同，但在抗衡中国影响力的提升方面则是异曲同工、别无二致。中国在周边地带的经济、文化优势同美国的军事、同盟优势百年来首次在亚太地区全面相持，这一局面虽一时难有根本改观，却是中国通过软硬实力的提升、平日战略策略的运用打拼出来的结局，因

2019 年 2 月 11 日，中美建交 40 周年图片展在纽约举行。

此而具有重大历史性意义。

第三，中国通过积极参与、运筹多边外交，参与、引领全球和区域治理，提出中国倡议，发出中国声音，体现中国责任，作出中国贡献，历史性地提升了国际地位、国际形象、民族自信心和自豪感，使中国正在实现由区域性大国向全球性强国的转型，这同样具有历史性意义。

短短五年间缔造出上述历史性成就实属不易。但中国作为社会主义大国的崛起，作为首个 13 亿人口大国的崛起，作为尚未完全解决领土和主权完整问题的大国的崛起，作为首个以发展中国家身份跻身世界舞台中央的大国的崛起，是一种前无古人的世界性、历史性现象，其所引发的矛盾的多样性和复杂性不难想象。其中有些是结构性的，如中美关系的战略竞争性和中日关系的战略对抗性；有些则由来已久难以短期内得到解决，如朝核、南海、台海等问题；有些是在解决老问题的同时又衍生出来的新问题，如海外利益保护、承担新的国际责任等。凡此种种，绝非五年内都能解决或处理。尤其值得警醒的，是中国周边安全形势日趋复杂严峻，包括中朝关系、中日关系处于低谷，中韩关系也面临新的考验。中国同东北亚朝、日、韩三国关系同时紧张或低迷，这在历史上是罕见的。联系到 1894 年中日甲午战争和 1950 年朝鲜战争，中国的历史命运两度因半岛局势而改变，今日东北亚的情势会否再度全局性地冲击中华民族伟大复兴，中国不能不高度重视并必须尽快寻求破解之道。南海问题目前虽相对和缓，但中国同越南、菲律宾等国的领土主权争端并未得到根本解决，随时有重新炒热的风险。而美国南海航行自由行动愈益公开化、制度化，则为中美在南海地区可能发生的军事冲突埋下了引信。“洞朗事件”的突发则将长期掩盖的中印之间矛盾的复杂性、深刻性、持久性揭示出来，一旦应对不慎将中印关系引向类似中日关系的局面，对中国崛起必定不是福音。这些问题都还未解。

2017 年 5 月 18 日，由中国商务部主办的发展中国家生态旅游开发与管理研修班的学员学写毛笔字。

中共十九大吹响了中国从大国走向强国的号角，如何在巩固既有成果基础上破解尚未破解的难题，直接决定中国的历史命运。中共十九大之后，特朗普成为第一个来访的外国元首，这意味着中国依然将中美关系放在至关重要的位置上。紧接着，习近平主席将新时代的首次国事访问选择在越南，并利用岘港 APEC 会议之机先后会晤韩国总统文在寅、日本首相安倍，显示出中国改善同韩日关系的意愿。这些行动显示，中共十九大后的中国国际战略将在延续此前战略逻辑和既有成就的基础上，继续奋发有为、创新思维，去破解那些更为麻烦的难题。“雄关漫道真如铁，而今迈步从头越”，中国走向强国的过程，必将是克服重重阻力、突破重重难关的过程。十八大到十九大五年的实践证明，沿着既定的轨道继续向前，前景一定是光明的。

作者袁鹏，中国现代国际关系研究院院长。

新时代中国外交战略中的中美关系

刘建飞

中共十九大在规划了中国未来几十年发展蓝图的同时，也提出与之相应的外交战略。中美关系在中国新的外交战略中扮演着不可替代的重要角色。在中国特色社会主义新时代，中美关系面临哪些挑战？又存在哪些机遇？对这些问题作出尽可能理性的辨析，无论是对中美关系的发展，还是对中国特色社会主义事业在新时代的顺利推进，乃至世界的走向，都具有十分重要的意义。

一、新时代中国外交战略的目标与布局以及中美关系的地位

习近平总书记在中共十九大报告中提出了“新时代”这个重要概念，明确了中国发展新的历史方位。中国特色社会主义进入新时代，对内意味着中国社会的主要矛盾已经发生转化，中国发展的主要任务已经不再是解决十几亿人的温饱问题，而是解决满足人民日益增长的美好生活需要和发展不平衡不充分的矛盾；对外意味着中国已经实现从站起来到富起来的飞跃，开始走近世界舞台中央。在明确了中国新的历史方位的基础上，中共十九大报告又规划了中国未来几十年的发展蓝图，开启了新征程，即到 2021 年全面建成小康社会，到 2035 年基本实现现代化，到 2050 年建成社会主义现代化强国。无论是小康社会，还是基本实现现代化，还是现代化强国，都不仅仅是用经济指标来衡量，而是经济、政治、文化、社会和生态五位一体的。此外，

2018 年 11 月 17 日，中美两军在江苏南京举行人道主义救援减灾联合演练。

在这个进程中，还要伴随着国防和军队建设、推进国家统一、维护世界和平促进共同发展以及中国共产党的自身建设。这四个方面同发展一起又构成一个“大五位一体”。与推进“大五位一体”相伴随，还要推进国家治理体系和治理能力现代化。上述诸方面目标统合起来就是中国特色社会主义事业，或者称中华民族伟大复兴的中国梦。简言之，中国梦就是中国到 21 世纪中叶的发展战略目标。

实现中国梦的根本途径，对内就是坚持改革开放，对外就是坚持和平发展道路。中共十九大报告在明确坚持和平发展道路的基础上，提出了构建人类命运共同体，从而为和平发展描绘了一个愿景蓝图。从一定意义上说，推动构建人类命运共同体就是新时代中国外交的目标模式和努力方向。构建人类命运共同体的根本路径是构建新型国际关系、推进国际体系和国际秩序朝着更加公正合理的方向变革。

无论是构建人类命运共同体，还是构建新型国际关系，抑或是推进国际体系和国际秩序变革，都需要世界各国的共同努力。不过，中国要以中国特色大国外交来展现中国的作为，贡献中国的力量。新时代中国外交将更加奋发有为。习近平在中共十九大报告中强调："中国共产党是为中国人民谋幸福的政党，也是为人类进步事业而奋斗的政党。中国共产党始终把为人类作出新的更大的贡献作为自己的使命。"在世界局势存在明显的不确定性，特别是西方大国在面对一个日益复杂的世界而普遍表现出要么退缩自保，要么拿不出有效方案的情况下，中国共产党提出构建人类命运共同体、构建新型国际关系等符合世界潮流和人类根本利益的重大理念，体现了中国共产党人的使命感和世界情怀。

以推动构建人类命运共同体为目标指引，新时代中国外交战略布局更加清晰。概括起来有六个方面。

一是构建总体稳定、均衡发展的大国关系框架。在中国特色社会主义新时代，中国同任何一个大国的关系都保持总体稳定，不大起大落，同所有大国的关系都均衡发展，既不同任何一个大国对抗，也不同任何一个大国结盟。在重视现有大国关系的同时，中国还特别重视同发展中大国的合作。一些发展中大国虽然目前还不具备世界大国的实力和地位，但是它们的发展潜力巨大，它们成为世界大国只是时间问题。中国同发展中大国有更多的共同利益和共同价值，在国际事务中也有更多的共同立场和共同话语。

二是以亲诚惠容理念指引打造周边命运共同体。中国将打造周边命运共同体作为周边外交的战略目标。为此就要秉持亲诚惠容的周边外交理念，坚持与邻为善、以邻为伴，坚持睦邻、安邻、富邻，深化同周边国家的互利合作和互联互通。

三是以正确义利观指导同发展中国家关系。中国要维护国际公平正义，要为广大发展中国家说话；要做到义利兼顾，讲信义、重情义、扬正义、树道义；要切实加强同发展中国家的团结合作，把中国发展与广大发展中国家共同发展紧密联系起来；切实落实好正确义利观，做好对外援助工作，真正做到弘义融利。

四是在多边外交中着眼于积极参与全球治理并争取话语权。中国要通过多边外交来推动国际体系和全球治理改革。随着世界格局的变化，国际体系面临转型，全球治理面临许多新问题新挑战，全球治理体系需要变革。但是，西方大国在全球治理改革上普遍表现出动力不足或能力不够，它们试图继续维系对它们有利但已经尽显弊端的国际体系和全球治理体系。这正为中国外交提供了历史性机遇。中国推动全球治理体系变革的基本取向是为包括中国在内的广大发展中国家增加代表性和话语权，进而使其更加公正合理。

五是大力开展政党交流合作和公共外交。政党在现代政治生活中居于核心地位，是国家政策的制定者和民意舆论的引导者，所以，开展政党交流与合作，对促进国与国的关系极为重要。中国共产党同许多国家的各种类型政党都保持着机制性的交往。2017 年 12 月在北京

2017 年 12 月 1 日，中共中央总书记、国家主席习近平在北京人民大会堂出席中国共产党与世界政党高层对话会开幕式并发表主旨讲话。

举办的中国共产党与世界政党高层对话会创下一个历史性纪录：共有来自120多个国家的近300个政党和政党组织领导人报名参会。这样的交流对相关国家了解中国的大政方针、战略走向，从而形成对中国的理性认知，避免误解偏见是非常有益的。

除了政党外交外，中国还重视其他层面的公共外交。十九大报告强调加强同“政治组织的交流合作，推进人大、政协、军队、地方、人民团体等的对外交往”，其寓意就是公共外交。

六是“一带一路”建设。“一带一路”既是经济战略，又是外交战略，为中国外交战略布局增添了新内容。“一带一路”虽然是立足于中国的发展开放以及为之营造和平稳定的外部环境，却有利于沿线国家的发展与和平。在全球治理遭遇困难的当下，“一带一路”无疑为推进全球治理提出了一个充满中国智慧的方案。在这样一个广阔的、可以视为“准全球”的地域实现政策沟通、道路联通、贸易畅通、货币流通、民心相通，无疑将极大地促进世界和平与发展，促进人类命运共同体的构建。现在，已经有一百多个国家和国际组织积极响应“一带一路”倡议；联合国多次在决议中写入“一带一路”倡议。

在新时代中国外交战略中，中美关系占有不可替代的重要地位。无论是在作为中国外交战略目标的构建人类命运共同体及其根本路径层面，还是中国外交战略布局层面，中美关系都是不可回避的关键环节。

在目标层面，中国要推动构建人类命运共同体，不可能将美国这个当今世界综合实力最强的国家排斥在外。虽然我们不能寄望美国会积极配合中国去实现这个目标，但是至少美国不要成为阻力。同理，在构建人类命运共同体的根本路径即构建新型国际关系和推动国际体系及国际秩序变革上，也不可能没有美国的参与。如何在构建人类命运共同体上同美国实现合作共赢，这是新时代中国外交的一个难点。

在战略布局层面，能否顺利实施这个布局，最为关键的因素也是中美关系。在中国的大国关系框架中，最为重要的是中美关系；美国是中国周边外交的最大影响因素，打造周边命运共同体必须伴随着中美关系稳定发展；一些发展中国家集中的地区，特别是拉美和中东，被美国认定为它的传统“势力范围”，中国“进入”这些地区，势必会引起同美国的摩擦甚至冲突；中国活跃于国际多边舞台，日益展现出负责任大国的形象，难免使美国产生中国要取代它成为“世界领导”的疑虑。总之，没有良好的中美关系，新时代中国外交战略布局的诸多方面都不可能顺利实施。

二、中美关系在新时代面临的主要挑战

虽然中美关系在新时代中国外交战略中占有极其重要的地位，中国从自己的发展战略和外交战略出发，真心需要稳定发展的中美关系，

2019 年 2 月 6 日，庆祝中美建交 40 周年招待会在华盛顿举行。图为中国驻美大使崔天凯与美国商务部长罗斯握手。

然而，对比过去，中美关系却面临着更为严峻的挑战。当前，中美关系面临的挑战主要源自两个方面：一是由世界格局变化而导致的双边关系转型；二是由世界格局变化和中美关系转型而促成的美国对外战略调整及战略思维变化。

（一）中美关系转型带来的挑战

随着中国成为世界第二大经济体，中国的综合国力也被公认位居世界第二，美国的综合国力虽然仍位居世界第一，但是与中国的差距正在快速地缩小，被中国超越只是时间问题。与之相应，中美关系也就由普通大国与超级大国的关系转变为崛起大国与守成大国的关系。这一转型给中美关系带来的挑战十分明显，这就是大国战略竞争因素突显出来，两国面临跌进"修昔底德陷阱"的风险。历史上，跨越这个陷阱的崛起大国并不多，最为成功的是美国，它没有同当时的守成大国英国走向对抗。美国的成功由许多客观条件促成，比如德国崛起而且采取更为进攻性的对外战略，从而迫使英国将主要注意力用来对付德国。但是对中国来说，目前并不存在类似德国崛起这样的因素。

中美关系转型所带来的挑战在奥巴马时期就已经显现出来，"亚太再平衡"战略从一定意义上说就是要应对中国崛起给美国主导的亚太秩序带来的影响。随着进入新时代，中国不仅要一如既往地推进和平崛起进程，而且还在道路自信、理论自信、制度自信、文化自信的基础上更加坚定不移地走自己的路，美国自由派寄望中国会随着改革开放而不断地朝着美国所希望的方向演变的前景将越来越暗淡。不仅如此，中国的成功还"意味着科学社会主义在 21 世纪的中国焕发出强大生机活力"。这些无疑会促使美国战略界进一步将中国视为战略竞争对手。

（二）特朗普政府的战略调整带来的挑战

当中国宣布进入中国特色社会主义新时代之时，美国也宣布进入了一个“新时代”。2017年12月18日，白宫发布了特朗普政府的第一份《国家安全战略报告》，同一天，白宫网站发表了以“新时代的国家安全战略”为题的报道。同冷战结束以来几届政府的国家安全战略报告相比较，这份“新时代”的国家安全战略报告在对华关系上变得消极许多。

首先是基于全球战略目标的对华关系定位。冷战结束后，特别是苏联解体后，美国全球战略的基本框架是以维护全球霸权或唯一超级大国地位为总目标，以维护安全、扩展经济、推进民主及人权为主要途径。这个战略可称为霸权战略。小布什时期的反恐战略虽然是以打击恐怖主义以及防止大规模杀伤性武器扩散为首要任务，但却试图将反恐战略与霸权战略有机结合起来，而且总目标依然是维护美国的霸权地位，在反恐优先的同时也顾及传统安全、推进民主和扩展经济。与霸权战略相适应的战略思维是：在经济、政治、军事等方面同时提

2018年12月12日，“基础四国”部长在波兰卡托维兹联合国气候大会会场内联合召开新闻发布会，共同敦促发达国家兑现资金承诺。图为中国应对气候变化事务特别代表解振华（左二）发言。

升美国的实力，从而确保美国的战略优势能维持更长的时间；在此前提下，尽可能地牵制战略竞争对手的崛起。小布什政府的反恐优先战略更是需要世界绝大多数国家，特别是大国的合作。

特朗普上台后，虽然没有完全放弃霸权战略的基本框架，但有明显变化。首先是在目标上，不再以维护霸权为总目标。虽然“使美国再次伟大”这个诉求依然有使美国再拾霸权的意味，但毕竟特朗普认为现在的美国不是“伟大国家”，因此也就不具备作为世界霸权的资格。其次是在实现目标的手段上，既然目标不再是维护霸权，而是壮大自己，那么一切就以如何有利于壮大自己为转移。虽然在霸权战略框架下，美国也是为自己，但是从世界领导者的角度考虑问题，它可以承担更多的国际责任，也会较多地顾及美国的国际形象以及世界局势的总体稳定。而特朗普政府则大不相同。它退出巴黎气候变化协议和跨太平洋伙伴关系协定（TPP），表示让盟友承担更多的军事负担，显示出它已经把美国作为一个普通大国来处理对外关系。与此同时，从狭隘的美国一国的利益出发，而不是从基于维护美国霸权体系的泛国家利益出发，特朗普政府强调寻找战略竞争对手。特朗普版《国家安全战略报告》突破了前几届政府的一贯做法，将中国认定为同俄罗斯一样的“修正主义大国”，构成美国国家安全所面临的三大挑战之一，甚至是“敌手”（Rivals）。而在霸权战略框架下，美国虽然也有找战略竞争对手的意识，但也注重大国在现行国际体系内的建设性作用，强调同它们的合作。特朗普政府的这种战略调整无疑为中美关系增添了负能量。

其次是实施战略的手段。特朗普的安全与外交团队中鹰派占优势，他们更喜欢现实主义。特朗普版《国家安全战略报告》结论部分明确指出，美国国家安全战略是以现实主义为指导的。而此前，美国的国家安全战略报告都不强调是以什么主义为指导，实际上是现实主义与理想主义的有机结合，甚至如美国著名学者米德所言，“美国外交政策取决于一系列相互区别、相互竞争的声音和价值观之间的平衡，它是一部交响乐，或者试图成为交响乐，而不是一支独奏曲。”现实主义强调实力，一方面用实力来审视对手，实力强者即为对手。中国的实力肯定会越来越强，按照现实主义的逻辑，将中国认定为战略竞争对手是顺理成章的。另一方面，现实主义强调依靠实力，特别是军事实力来解决问题。特朗普版《国家安全战略报告》第三章标题就是“通过力量维护和平”，而在报告所列举的力量中，军事力量居首位。注重军事实力或力量的使用，将会给中美两军关系带来巨大不确定性。

最后是冷战思维的影响。虽然特朗普本人与其几位前任相比，较少强调意识形态，但是并不等于特朗普政府无视意识形态。特朗普总统的原首席战略顾问史蒂夫·班农 2017 年 11 月在日本发表的关于中国事务的演讲在一定程度上体现这一点。这篇演讲的中心思想是：中共十九大制定了清晰的国家发展蓝图，这将对美国及整个西方世界构成严重威胁，日本等西方国家应当同美国密切合作，防范中国的威胁。这是典型的“中国威胁论”新版本。班农的基本逻辑链是：自中美建交以来，特别是中国加入世界贸易组织以来，对美国的中国政策发挥了主要影响作用的自由派一直固守一个信念，即随着让中国融入美国主导的国际体系，中国会逐渐演变成西方模式的自由民主国家；但是事实证明，中国根本就没有这样做，中国只是通过对外开放促进了经济快速发展，国力迅速增强，中国已经赢了；中国的这种发展路径实际上是以“掏空”美国及其他西方国家的工业并向它们输出通货膨胀为代价的，这正是近年美国民粹主义兴起以及英国脱欧等事件的深层原因；中共十九大绘制的蓝图，就是让中国继续沿着这个方向加速前进，到 2050 年成为“世界霸主”；如果这种状况不加以遏止，西方将再次陷入 20 世纪上半叶的困境，即大萧条和战争；针对“中国威胁”，美国妥协派开出的药方是通过向中国让步来避免“修昔底德陷阱”，而他作为鹰派则主张要丢掉幻想；特朗普政府已经按照他的主张行动了；美国与日本面临共同的威胁，必须成为合作伙伴。可以说，班农的这套说辞充满了冷战思维，又极具蛊惑性。虽然班农发表演讲时已经不再是总统首席战略顾问，并不代表美国政府，也不代表特朗普总统，但他代表了美国的一股势力，即新保守主义。受新保守主义影响的人高度重视意识形态，主张对中国实行像当年对付苏联那样的遏制政策。此外，特朗普当初选择班农做首席战略师，表明特朗普一定程度上认同班农的思想。特朗普在古巴领导人卡斯特罗去世时发表的演讲中充满对古巴政治制度的攻击，反映出他在对古政策上具有明显的意识形态色彩。在特朗普版《国家安全战略报告》中，“维护美国的价值观”也是重要内容。冷战思维使得中美关系面临着陷入“冷战陷阱”的风险。

三、中美关系在新时代面临的机遇

中美关系面临的新机遇既来自世界格局本身的变化，也来自中美两国为应对世界格局而作出的战略调整以及一些非战略性因素。

（一）世界格局变化带来的机遇

多极化已经不可逆转，“一超多强”中的“一超”正逐渐变成与“多强”平起平坐的角色，至多是“多强”之首。特朗普政府在国际事务中的表现已经展现出这一点。在趋向于多极的世界中，各大国都谋求于己有利的战略环境，以便更好地发展自己。基于此，在处理同其他大国的关系时，各国都极力在竞争与合作之间维持平衡，不使自己同任何一个大国截然对抗。中美关系虽然已经转型为崛起大国与守成大国的关系，但是两国都不想陷入会使双方两败俱伤的各种“陷阱”。

（二）特朗普政府的战略调整带来的机遇

首先是全球战略目标使得美国战略对手呈现出多元的态势。“美国第一”或“美国优先”是着眼于美国自己的发展与安全，如此，在寻找战略对手时就要视对方对美国发展与安全的威胁而定，这与霸权战略寻找对手的思路有所不同。基于维护霸权这个目标，实力强者和意识形态不同者容易被认定为战略对手，中国首当其冲。而基于“使美国再次强大”这个目标，美国选定了三类“敌手”，而由中国与俄罗斯构成的“修正主义大国”只是其中之一。“敌手”多元，使得美国很难集中力量同中国对抗。这与冷战时期的“遏制政策”大不相同。“遏制政策”是调动美国的全部战略资源来对付苏联。

其次是将中国与俄罗斯这两个大国绑到一起，给中国提供了运筹大国关系的空间。中美俄三角关系是当今世界最重要的战略三角关系，而美国却将中俄同时推到对立面，绝不是聪明之举。布热津斯基在 1997 年出版的《大棋局》中就指出：“最大的潜在危险是中国与俄罗斯或许还有伊朗结成大联盟。”中国虽然不会与俄罗斯结盟，但却希望巩固同俄罗斯的战略协作伙伴关系并在中美俄战略三角中占据有利位置。特朗普政府此举将使美俄关系更难改善，进而使俄罗斯更加重视同中国的协调合作。只要中俄合作，美国就很难发动针对中国的冷战。

第三是特朗普政府的孤立主义倾向为中国外交提供了机遇。虽然还不好断言特朗普政府的外交就是孤立主义的，因为任何国家都是本国利益优先，但是同其前任相比，特朗普政府的全球战略明显具有孤立主义倾向。这为中国外交带来两方面好处。一是中国可以在国际事务中更多地发挥负责任大国作用。美国更多地将注意力放在国内事务上，势必导致许多国际事务“没人想管”或“没人能管”，从而使“世界变得混乱无序”的风险大增。这时，如果中国去发挥作用，阻力自然会小得多。而在美国积极参与国际事务时，中国要发挥作用，很难排除美国的干扰。二是美国的盟友会更加重视同中国的关系。特朗普让盟友承担更多责任的言行，让盟友们担心美国这个盟主是否还靠得住。从国家长远发展和安全考虑，加强同中国这个崛起大国的关系是理性的选择。中国总体外交的推进，使中国具备了更多同美国进行战略博弈的资本。

最后是经济因素的作用。特朗普要使美国再次强大，就必须振兴美国经济，为此就不可能排斥同中国这个世界第二大经济体和最活跃经济体之一的合作。虽然特朗普政府一再炒作中美经贸利益矛盾，但是比较起来，中美在经贸上的共同利益更为重要。过去，美国同欧盟、日本也经常打贸易战，但是并不排斥双方的合作。实际上，美欧、美日长期互为重要市场和投资地。中美经贸关系也是如此，共同利益远大于矛盾利益。两个经济大国之间存在利益矛盾是正常的，关键是怎样处理，打贸易战肯定导致两败俱伤，是负和博弈。

2018 年以来，美国挑起对华经贸战并不断升级，主要出于两个动因：一是特朗普本人试图通过加征关税、打压华为等措施来迫使中国在经贸上对美作出让步，使双边贸易更加平衡，同时促使美国在华投资回流美国，进而刺激美国制造业的复兴，并遏止中国高科技产业发展势头；二是美国对华鹰派将经贸战作为对华战略竞争的一张牌，他们秉持“宁可自伤八百，也要伤敌一千”的思维，试图使中美“经贸脱钩”，从而毁掉双边关系的“压舱石”，进而将中美关系推向“新冷战”。这两种动力有一致性，但也有矛盾。在同中国搞经贸摩擦上，特朗普同内阁中的鹰派有一致性；但是在经贸战的进程和规模上，特朗普同内阁鹰派又明显不同。对特朗普来说，他必须着眼于其任期的政绩以及连任竞选时的选票，为此就必须保持美国经济处于平稳状态。如果在 2020 年大选投票前美国经济出了大问题，那么特朗普连任肯定没戏。所以，特朗普是想把经贸战控制在一定的限度内。这也正是他在两次同习近平主席会晤时表示愿意谈判的重要原因。虽然特朗普以其“商人思维”力图在中美经贸谈判中通过不断施压来谋取更多的利益，但是他绝对不想使中美经贸关系彻底崩盘或“脱钩”。当然，上述两种动力的交互作用将使中美经贸关系面临十分严峻的挑战，贸易摩擦有可能成为家常便饭。但是，不管怎样，美国总统始终在美国对外政策中居主导地位，内阁鹰派会对总统决策造成一定的干扰，但不会取代总统决策。

（三）非战略性因素带来的机遇

特朗普的实用主义哲学为中美关系提供了机遇。特朗普本人的商人背景使他具有实用主义的思维方式。这虽然会对中美关系带来一定挑战，但是带来的机遇会更大一些。实用主义重视解决具体问题和利益交换，而不是从既定的原则出发，这为双方进行协调、谈判提供了空间。在当今时代，国家之间在安全、经济、政治、全球治理等层面的利益是错综复杂的，相互依赖度越来越高，许多矛盾、冲突，主要不是在于国家利益本身，而是双方战略界、决策层对国家利益的认知。从具体问题着手，比较容易看出双方利益的契合点和差异，进而容易达成共识并进行利益交换。

特朗普的个人行事风格给中美关系带来的也是机遇大于挑战。特朗普上台一年多来，中美互动得很成功，一个重要原因就在于中方比较好地把握了特朗普的偏好。美国外交的最终决策大权在总统手中。小布什政府安全与外交团队中也是鹰派占优势，特别是新保守派十分活跃。但是在对华政策上，小布什总统并没有受新保守派左右，而是自己把握大方向。时任驻华大使雷德是小布什的耶鲁大学同学，两人曾住同一宿舍。笔者与雷德有几次面对面交流。每当笔者提到美国内阁里鹰派的对华强硬政策时，他总是乐观地表示，不必担心，在对华政策上总统听他的意见，而不是听那些鹰派的。特朗普本人虽然在中国在朝核问题上的作为和中美贸易问题等方面对中国有微词，但是从他向习近平主席祝贺中共十九大胜利举行、在白宫祝贺农历新年等举动来看，他很愿意加深同中国共产党和中国人民的交流，这与美国鹰派大不相同。

四、结束语

在中国特色社会主义新时代，中国从自己的发展战略和国际战略出发，需要中美关系稳定发展。然而，美国进入“新时代”时，对华战略中的消极因素却明显增强。如果结合中美关系已经转型为崛起大国与守成大国的关系，可以洞见，中美关系面临的挑战更加严峻、更加复杂。不过，中美关系也面临不少机遇。中美关系还远未到美苏冷战的程度，尽管存在滑到这一步的风险。对中国来说，从国家根本利益着眼，应当守住底线，即尽最大努力防止中美关系走向全面对抗；在此基础上争取更好，抓住一切机会开展同美方的合作，实现合作共赢，夯实双边关系的基础。与此同时，中国要一如既往地推进实施既定的外交战略布局，以便为中美战略博弈构筑更为宽广的有利空间，同时也为中美关系稳定发展营造良好的外部环境。

作者刘建飞，中共中央党校（国家行政学院）国际战略研究院院长、教授。

正确义利观与中国对发展中国家外交

罗建波

当前中国外交的重要任务，是要为自身发展和复兴营造良好的外部环境，积极推动构建人类命运共同体。中国需要在实现自身快速发展进程中处理好与外部世界的关系，同时塑造和彰显自身不断提升的大国道义精神。中国秉持正确义利观和“真实亲诚”理念，不断深化同发展中国家的全方位合作，努力携手世界实现互利共赢和共同发展，正是推动构建新型国际关系、推动构建人类命运共同体的重要实现路径。

中国对发展中国家的历史情感

中国对发展中国家的特殊情感，首先源于中国对自身的身份定位。“身份”或“认同”（Identity）源于拉丁语“Idem”，意为相同的、同样的（即“the same”）。一般认为，独特的身份在社会中具有三个基本功能，即它将告诉自己我们是谁、告诉他人我们是谁和告诉自己他人是谁。身份认同在很大程度上决定着国家的利益判断与情感诉求，进而深刻影响着它的战略取向、外交选择及其与外部世界的关系。

中华人民共和国成立后，尽管中国是作为一个社会主义国家而存在的，但中国的身份认同自始就不是单一的。中国在向以苏联为首的社会主义阵营“一边倒”的同时，认为自己既属于被压迫民族，也属于新兴民族独立国家的一员，誓言联合亚非各被压迫民族共同反对帝国主义侵略。在 20 世纪 60—70 年代中国外交极其困难的时期，中国更是注重团结广大第三世界国家，建立最广泛的国际统一战线以打破美苏对中国的战略遏制。毛泽东的“三个世界”理论以宏大的全球视野把中国与第三世界国家紧密连在了一起，为中国外交找到了最广泛的可以团结甚至倚重的力量。改革开放后，中国一直视自身为发展中国家的一员，同时随着自身的不断发展，积极以“最大的发展中国家”或“负责任的发展中大国”身份参与国际事务，注重加强同发展中国家的团结合作。

何谓“发展中国家”？国际社会特别是发达国家在使用这一概念时，通常指那些人均国民总收入（GNI）尚未达到高收入国家水平的低收入经济体、中低收入经济体和中高收入经济体。按世界银行的最新划分标准，在2019年财政年度人均国民总收入等于或低于995美元的国家列为低收入经济体，在996—3895美元之间为中低收入经济体，在3896—12055美元之间为中高收入经济体，达到12056美元及以上为高收入经济体。如果按经济标准来衡量，中东产油国、部分拉美国家早已不是发展中国家，甚至中国自己也将很快不再是一个发展中国家。

表1 世界主要经济体发展程度分类

类别	人均GNI（美元）	数量
低收入经济体	≤ 995	34
中低收入经济体	996—3895	47
中高收入经济体	3896—12055	56
高收入经济体	≥ 12056	81

资料来源：世界银行 https://datahelpdesk.worldbank.org/knowledgebase/articles/906519-world-bank-country-and-lending-groups

中国对“发展中国家”概念有自己独特的理解和认识，认为“发展中国家”自始就不是一个纯粹的经济概念，而具有更为丰富的历史、政治和文化属性。在中国的外交思维中，当代“发展中国家”概念在很大程度上是过去“第三世界”的延续和发展，当代发展中国家的南南合作也与过去亚非拉国家共同反帝、反殖、反霸斗争一脉相承。虽然第三世界国家早已实现了政治独立，但这些曾经在追求民族独立过程中携手前行的亚非拉国家仍然面临实现经济发展和国家现代化的发展任务，在国际事务中也面临相似的政治和外交需求。在中国外交视野里，“发展中国家”概念既承载一种历史记忆，又有一种现实需要，因而有着一种特殊的归属感、亲近感、认同感。正是从这个角度出发，中国将始终与其他发展中国家站在一起，一如既往地加强与其他发展中国家的团结合作。中国对发展中国家的理解和重视，集中表达了中国外交的“初心”。

历史上，中国对其他发展中国家一直给予了力所能及的帮助和支持。中国曾帮助亚非拉国家进行反帝、反殖斗争，在它们赢得政治独立后，又帮助它们实现国家的全面建设和发展。发展中国家对中国外交也给予了大力的支持。借助发展中国家的力量，中国在过去曾经打破了外部大国的封锁，得以重返国际社会，并赢得了应有的国际尊严。在当前中国实现中华民族伟大复兴的关键时期，发展中国家对于中国实现经济可持续发展、更好统筹与外部世界关系以及维护和延长中国发展的战略机遇期都有着重大意义。绝大多数发展中国家仍然是中国外交可以倚重的力量，是中国深入参与全球经济合作和全球治理的重要合作伙伴，携手发展中国家实现共同发展也是中国提升在全球发展领域话语权，彰显自身不断提升的大国责任和道义精神的重要实现路径。在中国的外交布局中，发展中国家一直发挥着重要的基础性作用。

面对中国的快速发展，一些发展中国家担心，一个不断发展的中国是否还是它们当中的一员？是否还会与它们休戚与共、携手并进？它们普遍希望日益强大的中国在国际上继续为它们伸张正义，能给它们提供更多的发展机遇，能为它们的减贫和发展提供更多的支持和帮助。作为世界最大的发展中国家，也是世界发展最快的大国，中国基于自身的身份定位和世界情怀，自然需要把发展中国家作为参与全球治理的重要伙伴，把发展中国家和地区作为自身履行大国责任的重点区域。2013 年习近平就任中国国家主席后的首次出访便选择了非洲国家，2018 年习近平连任国家主席后的首次出访，也选择了阿联酋及塞内加尔、卢旺达、南非、毛里求斯 4 个非洲国家，充分表明中国政府对非洲等发展中国家的高度重视。正确义利观的提出，就是向世界表明，中国永远是发展中国家的可靠朋友和真诚伙伴，中国永远也不离开发展中国家这个大家庭。

中国外交的根本立足点和出发点，是要维护和增进 14 亿中国人的根本利益与福祉，同时也要积极关注和维护世界上最大多数民族、最大多数国家和最大多数人的共同利益，其中重要方面便是发展中国家的利益。秉持正确义利观、深化与发展中国家的团结合作、为人类发展作出更大贡献，进而推动构建人类命运共同体，正是中国站在新的历史方位上提出的外交追求和进取方向。

正确义利观的提出及内涵

中共十八大后，中国外交从开局之始就彰显了对发展中国家的深情厚谊和道义精神。2013 年 3 月 25 日，习近平在坦桑尼亚国际会议中心发表《永远做可靠朋友和真诚伙伴》的演讲，提出并深刻阐述了中国“真实亲诚”的对非合作理念，表达了中国人民对非洲人民的深厚情意和无私道义。他明确指出，对待非洲朋友我们讲一个“真”字，开展对非合作我们讲一个“实”字，加强中非友好我们讲一个“亲”字，解决合作中的问题我们讲一个“诚”字。他着重强调：“新形势下，中非关系的重要性不是降低了而是提高了，双方共同利益不是减少了而是增多了，中方发展对非关系的力度不会削减只会加强。”

习近平就任国家主席后，在 2013 年 10 月 24 日召开的周边外交工作座谈会上强调:“要找到利益的共同点和交汇点,坚持正确义利观,有原则、讲情谊、讲道义,多向发展中国家提供力所能及的帮助。”2014年11月28日中央外事工作会议召开，习近平主席在此次会议上全面阐述了正确义利观。他强调，“要坚持正确义利观，做到义利兼顾，讲信义、重情义、扬正义、树道义 …… 要坚持国际关系民主化，维护国际公平正义，特别是要为广大发展中国家说话 …… 要切实落实好正确义利观，做好对外援助工作，真正做到弘义融利。”在2018年6月22日召开的中央外事工作会议上，习近平再次强调，广大发展中国家是中国在国际事务中的天然同盟军，要坚持正确义利观，做好同发展中国家团结合作的大文章。

正确义利观是新时代中国外交的一种价值观。它集中表达了新时代中国对人类社会共同发展、共享繁荣、命运与共的基本追求，集中彰显了中国作为一个发展中大国、一个社会主义大国所应当坚持的外交道义和精神。大国应当具有何种精神，展现何种面貌，倡导何种价值观？回顾过去500年世界历史进程，世界大国之所以有全球性影响力和感召力，不只是在于其强大的经济实力以及能为世界提供更多的发展机遇，也在于它能够为全球治理及治理体系变革提供方案和智慧，在于它能够为世界提供引领时代发展潮流的价值观和道德伦理。正确义利观的提出以及中国对推动构建人类命运共同体的积极呼吁，是新时代中国贡献给世界的重要价值观，必将显著提升中国外交的道义精神。

正确义利观的核心要义在于全面、辩证地阐释了“义”和“利”的关系，集中表达了新时代中国外交对利益、责任与道义的理解。其内涵有三：

其一是义利兼顾、弘义融利的道义观和责任观。义利之辩是中国思想史上的一个根本性问题。中国文化强调义利统一、义利兼顾、取利有道，甚至主张先义后利、重义轻利，舍利取义。孔子说，“君子

2018 年 11 月 9 日，中国作为安理会当月轮值主席在纽约联合国总部举行主题为“维护国际和平与安全：加强多边主义和联合国作用”的公开辩论。

义以为上”（《论语》）；孟子说，“生亦我所欲也，义亦我所欲也；二者不可得兼，舍生而取义者也”（《孟子》）。过去，中国帮助发展中国家开展反帝、反殖斗争，在国际上注重为发展中国家伸张正义，是大义；今天，中国注重推动发展中国家实现减贫和发展，在国际上积极维护它们的应有权益，也是大义。

其二是公道正义、平等相待的权力观与秩序观。大国应该如何获取权力，又如何运用权力？各国应当如何相处，如何建设一个公平正义的世界秩序，才能更好地维护广大发展中国家的尊严和权益？世界上仍有国家秉持传统现实主义的观念，认为国家以绝对的权力和利益为追求目标，据此拟定自身的外交与安全政策。与传统的零和博弈思维和强权政治逻辑不同，中国坚持大小国家一律平等的原则，反对以大欺小、以强凌弱、以富压贫；坚持推进国际关系民主化，反对任何形式的霸权主义和强权政治；坚持主张通过对话谈判的方式解决有争议的问题，反对借人道主义为由干涉别国内政，特别是颠覆他国政权的霸道行径。作为联合国安理会常任理事国，中国始终与广大发展中国家站在一起，努力为它们代言，努力为它们发声。正如习近平在联合国大会上坚定承诺的那样，“中国在联合国的一票永远属于发展中国家”。

其三是互利共赢、共同发展的合作观与发展观。发展问题是发展中国家面临的主要问题，实现发展也是发展中国家最大的政治。携手发展中国家实现互利共赢、共同发展，是当前中国与发展中国家关系中最大的“义”。中国积极照顾多数发展中国家的实际情况，坚持在合作中多予少取、先予后取、只予不取，张开怀抱欢迎发展中国家搭

2018年11月17日，2018年CUCF（中国、美国、加拿大和法国）“一带一路”美洲论坛暨庆祝中美建交40周年工商对话会在纽约联合国总部举行。

乘中国发展的快车。我们要努力把世界机遇转化为中国机遇，把中国机遇转化为世界机遇，在这一过程中帮助发展中国家解决长期积累而未能有效解决的发展问题，帮助提高它们在全球化和全球经济治理中的代表性和发言权。

中国是一个发展中国家，也是一个大国。作为一个负责任的发展中大国，中国提出推动构建人类命运共同体的美好愿景，也自然以人类命运共同体思想来指导中国的外交实践。秉持正确义利观和“真实亲诚”理念加强同发展中国家团结合作，就是中国推动构建新型国际关系、推动构建人类命运共同体的重要外交实践，是中国参与全球治理、发挥负责任大国作用的重要途径。正确义利观就是要把中国发展与广大发展中国家的发展联系起来，把中国利益同广大发展中国家的利益乃至更广泛的世界整体利益联系起来。这体现了帮扶发展中国家的无私仁义，体现了维护世界和平与发展的国际正义，体现了新时期推动建设人类命运共同体的责任和道义。

正确义利观彰显中国外交的道义精神

正确义利观是当代中国外交的重要价值观念，它根植于 5000 年中国历史文化传统，浸润于中国共产党人的世界情怀，形成于新时代中国外交所具有的宽广的全球视野和不断提升的世界责任意识，因而集中展现了新时代中国外交的个性与特色。

其一是“天下大同”的世界追求。中国传统文化讲求王者无外、天下一家，憧憬“大道之行，天下为公”的美好世界。中国仁人志士历来有“先天下之忧而忧，后天下之乐而乐”的精神境界，有“为往圣继绝学，为万世开太平”的济世情怀。用现代话语讲，就是人类共处一个地球，各国应该相互尊重、合作共赢，共同构建人类命运共同体。中国共产党是为中国人民谋幸福的政党，也是为人类进步事业而奋斗

2017 年 12 月 1 日，来华出席中国共产党与世界政党高层对话会的部分外国政党领导人等在北京参观了“砥砺奋进的五年”大型成就展。

的政党，中国共产党始终把为人类作出新的更大的贡献作为自己的使命。今天，在中国特色社会主义进入新时代、中国日益走向国际舞台中心之际，中国比历史上任何时期都更有意愿、更有信心、更有能力践行自己的世界理想和天下情怀。正确义利观的提出以及中国推动构建人类命运共同体的努力，正是对“天下大同”世界理想的集中诠释，是对马克思主义世界观的继承和发展。

其二是“自我约束”的内敛风格。中国人对世界理想的追求，并不是通过对外征服、统治和改造实现的，而是通过平等地对外交流、合作、互鉴来实现的，这是一种“己欲立而立人，己欲达而达人”的道德境界。中华人民共和国成立以来，无论是和平共处五项原则、对外援助八项原则、和平发展道路、正确义利观等外交理念的提出，还是睦邻、富邻、安邻周边政策以及不首先使用核武器、不对无核国家使用核武器等具体承诺，都体现了中国外交“自我约束”的内敛性。

正确义利观的提出，就是中国在逐步成为全面意义上的世界大国之际，主动向世界作出的重大承诺，即中国将更加注重与世界分享中国机遇，携手各国特别是发展中国家实现共同发展。正确义利观向世界表明，一个不断发展的中国必将是一个开放、包容、负责任的中国。

其三是“以义为先”的价值取向。中国传统文化历来强调重义轻利、先义后利、见利思义、以义制利，追求的是利义兼顾、义利统一。正确处理“义”和“利”的关系，也是当代中国处理与外部世界关系的一个行为准则，极大塑造了中国外交的品格、视野，并提升了中国外交的道义精神。中国曾大力支持亚非国家的民族独立，注重维护发展中国家的正当权益，当前更是致力于通过南南合作来提升发展中国家的整体地位、推动世界的共同发展与繁荣。特别是，当今世界面临严重的和平赤字、发展赤字和治理赤字，这些和平、发展与治理问题主要集中在发展中国家和地区。因此，中国国际责任的重要方面，就

中铁十八局集团国际公司承建的尼日利亚北部第一高桥——高原州吉巴姆大桥获尼日利亚政府颁发的工程建设“卓越贡献奖”和“优质服务奖”。

2018 年 9 月 2 日，中非合作论坛第七届部长级会议在北京钓鱼台国宾馆举行。

是要携手世界推动发展中国家的减贫与发展，帮助它们解决紧迫的和平、稳定与发展问题。

其四是“言必信、行必果”的实践作风。中国外交一直言出必行，在过去几十年里给予发展中国家力所能及的帮助，在国际上一直为它们仗义执言，这是中国能够得到大多数发展中国家坚定支持的重要原因。无论是对非洲国家提出的“真实亲诚”，还是对周边国家提出的“亲诚惠容”，都强调要诚心诚意对待发展中国家，要切实践行对发展中国家的承诺。在 2015 年中非合作论坛约翰内斯堡峰会之后的三年间，中国如期向非洲国家提供了 600 多亿美元资金，支持中非双方开展议题广泛的“十大合作计划”，全面助推非洲发展显著提速和中非互利合作迈上新台阶。在 2018 年中非合作论坛北京峰会上，中国再次承诺向非洲提供 600 亿美元资金，在未来三年和今后一段时间重点实施“八大行动”。

中国特色大国外交的中国特色体现在哪里？无需否认，如同任何国家一样，中国外交首先服务于自身的利益需要，中国在深化与发展中国家团结合作的同时，也希望拓展在海外的商品和资源市场，寻求必要的政治支持，以及提升中国在若干重要领域的话语权和影响力。但中国与其他发展中国家的外交从一开始就有一种超越国家利益的大国责任和道义精神，这在中国逐步实现自身发展进而能够为世界发展作出更大贡献之后更是如此。如果说中国成功实现自身14亿人口的减贫与发展本身就是对世界发展的重大贡献，那么中国在实现自身发展的同时又更加积极推动世界的和平、发展与治理进程，则是中国对世界的又一重大贡献。

践行正确义利观的新思路与新举措

在正确义利观和“真实亲诚”理念的指导下，中国外交不断推出新思路、新战略、新举措，推动中国与发展中国家的合作不断取得新发展与新成就。

其一，以“一带一路”为新纽带，不断提升与发展中国家的全方位互利合作。改革开放40年，中国对外开放格局发生了根本性变化，逐步由资本净输入国发展成资本净输出国，由主要强调“请进来”发展成“走出去”与“请进来”并举并重。中国提出“一带一路”重大合作倡议，一个重要背景和初衷就是要通过更为全方位的“请进来”与“走出去”，在提升向东开放水平的同时，显著加快向西开放的步伐，构筑起方位更加平衡、领域更加宽广、时空更加开放、内外联动更加紧密的对外开放新格局。过去几年来，中国积极抓住“一带一路”发展机遇，不断增加对发展中国家基础设施建设的投入，不断推动与发展中国家的产能合作与人文交流。在此背景下，中国与其他发展中国家的合作逐步由基础设施建设和工程承包提升到包括产能合作、金

2017 年 6 月 17 日，金砖国家运动会在广州开幕。图为中国选手田媛在女子枪术比赛中。

融合作、科技合作、经验交流、能力建设等更广泛的领域、更高层次的合作。中国还要充分利用好诸如亚投行、金砖开发银行等新的多边投融资平台，以及丝路基金、南南合作援助基金，吸引更广泛的投资主体参与“一带一路”建设，推动中国资本、管理、产能、技术、经验更多更好地走出去，给发展中国家提供更多发展机遇与合作选择。

其二，以“国际发展合作署”成立为新契机，更好地推动发展中国家的减贫进程。过去几十年里，中国对发展中国家提供了力所能及的援助，对外援助理念、政策和方式日渐成熟，也形成了具有中国特色的对外援助体系与援助模式。为进一步提高对外援助的有效性，加强与国际社会在国际发展合作领域的合作，中国于 2018 年初成立了“国际发展合作署”。以“国际发展合作署”而非“对外援助署”命名，清晰地表达了两个信息：一是表达了中国对受援国的尊重，因为发展合作远比单方面的援助更体现出双方的对等性，体现出中国对受援国主体地位和主事权（ownership）的尊重；二是表达了中国对受援国发展的强调和重视，中国对外援助着眼于通过援助撬动受援国经济和社会的发展，从根本上增强受援国的内生发展动力，做到“授人以鱼也要授人以渔”。援助之所以必需，是着眼于受援国逐步实现自主发展而最终不需要援助。中国援建的肯尼亚蒙内铁路，着眼于整个东非铁路网建设，今后将连接乌干达、卢旺达、布隆迪、南苏丹等东非国家，成为推动东非发展的一条“铁路大动脉”，堪称新时代中非发展合作的标志性项目。

其三，以治国理政经验交流为新的着力点，推动发展中国家的治理能力建设。当前，一些发展中国家面临三大发展难题：基础设施滞后、资金短缺和人才不足。西亚非洲国家“向东看”，拉美国家“向西看”，都不只是看重中国不断增加的对外投资和援助，还希望学习和借鉴中国的发展和治国理政经验，希望独立自主地实现国家的发展

2018 年 8 月 30 日，首届中非热带农业科技合作论坛在海南博鳌开幕。图为与会嘉宾观看“一带一路”国家热带农业摄影展。

尼日利亚标准银行中国非洲银行业务中心 2018 年 11 月 13 日在尼日利亚城市拉各斯成立。图为剪彩仪式。

与复兴。中国也积极推动与其他发展中国家的治国理政经验交流，以此提升发展中国家自身发展和治理的能力，同时增进自身在国际发展领域的话语权与影响力。中国发展模式实质上是发展中国家探寻现代化的一种成功探索，中国与发展中国家的治国理政经验交流在本质上是发展中国家相互分享和借鉴发展和治理经验。这种平等的交流互鉴，不仅可以让发展中国家获得从事发展的知识、技能和经验，也能让它们体会到中国的积极创业精神与实干精神，进而增加它们从事本国发展的信心和激情，同时，也能为其他发展中国家独立自主探索适合自身的发展道路提供新的参考和借鉴，后者对于发展中国家的发展更具长远意义。

其四，以全球治理机制发展完善为新助力，推动世界关注和解决紧迫的全球发展和治理问题。中国推动国际治理体系发展与完善，主要有两条路径：一是推动完善既有的治理体制“存量”，推动世界银行、国际货币基金组织等重大国际机制的不断发展，推动二十国集团从危机应对向长效治理机制转变，注重提升新兴国家和发展中大国在全球治理体系中的话语权。二是做好治理体制“增量”，重启亚太自贸区建设新进程，不断夯实金砖国家合作机制，继续深化上合组织、中非合作论坛、中阿合作论坛的合作，与拉美国家搭建了中拉合作论坛机制，实现多边机制在发展中国家的全覆盖。中国还发起成立亚洲基础设施投资银行、金砖国家新开发银行、丝路基金、南南合作援助基金、中国 – 联合国和平与发展基金等，为全球治理贡献中国智慧与中国方案。近年来，中国还积极利用主场外交推动解决全球发展问题，2016 年二十国集团杭州峰会邀请了多个发展中国家与会，2017 年 9 月的厦门金砖峰会和 2018 年 7 月的约翰内斯堡金砖峰会采用了“金砖 +”合作模式，都是中国利用国际机制帮助发展中国家的重要体现。总体来看，中国推动国际秩序发展与完善的一个基本诉求，是着眼于发展

2018 年 4 月 14 日，观众在北京中国美术馆欣赏“特色 • 融汇——金砖国家美术馆联盟特展”。

中国家的发展与治理问题，携手各国推动全球治理体系更多更好地关注全球发展问题，努力提升新兴国家和发展中大国在全球治理体系中的话语权，帮助发展中国家实现发展、稳定、复兴。

中国积极倡导和践行正确义利观，不断推出与发展中国家合作的新思想、新战略、新举措，不断推动与发展中国家关系跃上新台阶。在 2015 年中非合作论坛约翰内斯堡峰会上，中非双方一致同意把中非关系升级为政治上平等互信、经济上合作共赢、文明上交流互鉴、安全上守望相助、国际事务中团结协作的全面战略合作伙伴关系。在2018年中非合作论坛北京峰会上，习近平提出中非携手打造责任共担、合作共赢、幸福共享、文化共兴、安全共享的中非命运共同体。在中东方向，2018 年 7 月 10 日，习近平总书记于出席中阿合作论坛第八届部长级会议并发表重要讲话，宣布建立中阿战略伙伴关系，推动中阿关系迈向新的历史阶段。在与拉美合作方面，2015 年 1 月，中国同拉美国家召开了首届中拉合作论坛部长级会议，中国与拉丁美洲和加勒比共同体实现了历史性的握手，中国与拉美国家整体合作由构想成为现实。在 2018 年 1 月召开的中拉合作论坛部长级会议上，中方建议中拉共建陆洋一体的大联通，培育开放互利的大市场，打造自主先进的大产业，抓住创新增长的大机遇，开展平等互信的大交流，共同打造领域更宽、结构更优、动力更强、质量更好的中拉合作新局面。中国与发展中国家的全方位互利合作，正在稳步向前推进。

作者罗建波，中共中央党校(国家行政学院)国际战略研究院教授。

中国的周边区域观与新秩序构建

张蕴岭

前 言

中国有着众多邻国，接邻地区形成宽阔的周边区域，既有大陆，也有海洋。一直以来，中国与周边国家有着特殊的地缘关系，形成了以周边区域为中心的区域观和独具特色的区域共处关系与秩序。

近代，中国由强转衰，受到外患内乱的困扰，历史上形成的周边关系和秩序遭到破坏。新中国诞生，结束了内乱，开始走向国家统一和民族复兴之路，但是，由于冷战和其他复杂的因素，周边关系和秩序的重建经历了艰难的历程。

随着中国的发展与内外因素和环境的变化，中国以周边区域为中心的区域观与战略逐渐回归，推动构建以共处、共利、共赢为目标，以共商、共建、共享为方式的新周边关系与秩序，周边命运共同体的建设成为载体。

在长期的历史交往中，中国与周边国家建立了特殊的关系，有些国家被纳入了华夏体系，接受中国的册封，向中国纳贡。尽管中国的大部分邻国并没有加入华夏体系，但也尽可能与中国保持友好交往的关系，形成基本稳定的共处关系。当然，历史的发展是曲折的，中国的中心地位也不时受到来自外部的挑战冲击，中国与周边的一些国家和部族也不时发生战争。但总的来说，中国能够长期保持强大，主导地位没有受到根本性的挑战。也就是说，以中国为中心的区域关系秩序基本上没有受到外部力量的干预。由此，在很长的历史中，中国与周边国家的关系主要表现为一种区域内部的关系互动。

长期积累和发展的这种区域性互动关系对于中国区域观的形成具有非常重要的意义。我们至少可以从以下三个方面归纳它的重要性：其一，是区域的地缘视野，始终把周边地区作为基础；其二，把周边地区作为利益攸关区；其三，与周边地区的国家形成一套相处的规则和行为方式。所谓“君临天下”，核心价值是要对与中国密切相连的周边国家负责。

然而，到 19 世纪中叶，中国与周边国家的这种秩序基础被摧毁。一则中国本身开始逐步衰落；二则西方列强大举向东方扩张，染指中国及其周边邻国。特别是在 19 世纪后期，崛起的日本发起直接挑战，打败并进犯中国，吞并了琉球，占领了朝鲜，把中国仅存的一点“大国尊严”也给打掉了。从 1840 年鸦片战争到 1945 年日本被打败，其间 100 多年，中国与其所在的地区发生了天翻地覆的大变化，中国不仅失去了自我（能力），而且失去了自己所在的地区关系和环境。在这样的形势下，中国的传统区域观被埋灭，周边地区成了危及中国自身生存安全和利益的祸源。

一、对周边关系与秩序的构建

1949 年新中国成立，中国衰败的下行线也终停。不过，中国与周边邻国的关系还是经历了复杂和艰难的调整。由于形势复杂，在很长一段时间里，中国对周边国家的关系定位处于被动。在很多情况下，是外部因素决定中国与邻国关系的特征和性质，中国主要是被动应对。

新中国也试图作出努力扭转被动格局，推动新的关系发展。比如，在 20 世纪 50 年代，中国就与缅甸和印度一起提出了“和平共处五项原则”。该原则的内核是维护国家主权，不干涉内政，友好相处，基本出发点是争取国家生存与发展的稳定与和平环境。特别值得注意的是，新中国提出的这些原则具有了新意。从中国的认知来说，放弃了“中国老大”的观念，改变了中国传统的等级秩序思想，开始倡导新的国家平等和以此为基础的和平共处。

由于冷战格局、中苏分裂等因素，周边地区的关系变得异常复杂，关于和平共处的原则并没有得到很好的落实。与周边国家关系的一个大的转变发生在中国实施改革开放政策以后。改革开放需要稳定与和平的外部政治环境，需要开放合作的经济环境，于是，中国开始采取积极措施，推动与邻国（特别是那些实行开放发展政策的市场经济国家和地区）关系的改善，发展与他们的经济关系。

冷战结束后，周边地区形势发生了很大的变化，为中国进一步改善与所有邻国的关系提供了政治氛围和环境。另一方面，各国采取的开放发展政策也为中国与邻国之间发展更为广泛的经济关系提供了环境。这样，中国与邻国之间的政治关系和经济关系出现了全新的变化：一则，中国实现了与所有邻国关系的正常化；二则，中国与邻国之间发展起密切的经贸联系，成为他们最重要的贸易伙伴。应该说，这是近代一个历史性的大转变。

随着中国与所有周边国家实现关系正常化，中国成为所有周边国家最重要的经贸伙伴，与所有的周边国家建立了合作伙伴关系。这样，中国的周边区域意识逐步回归。

当然，这种回归不是，也不可能退回到古代的“华夷秩序”模式，而是基于新环境下的新认知、新定位和新构建。中国是在一种全新的形势和关系架构下开始发展与周边国家关系，进行周边地区关系和秩序构建的。

（一）与东盟构建新关系

中国与东南亚接邻，陆海相接相通。二战后，东南亚国家相继摆脱殖民统治获得独立，但与中国的关系经历了复杂的转换。中国与东南亚构建新关系是沿着“双轨路径”进行的：在把发展与东南亚各国双边关系作为基础的同时，充分利用东盟这个平台，构建中国与东南亚地区的综合新关系，而后一个方面的努力是中国构建周边新关系与秩序的一个重要尝试。

新中国成立后，中国开始与东南亚国家重建双边关系，但受到复杂因素的影响，这个进程反复曲折。就双边关系而言，直到 20 世纪 90 年代初，中国与所有东南亚国家的关系才算走向真正的正常化。

东盟的建立和发展为中国与东南亚国家的关系发展提供了一个新的平台。东盟从小到大，逐步发展到东盟共同体。中国把东盟作为一个可以构建新关系的区域组织。中国积极参加东盟倡导的“10+1”和“10+3”对话，率先签署东南亚友好与合作条约，率先提出与东盟构建自贸区和建立战略伙伴关系，并且与东盟签署旨在稳定南海大局的《南海行为宣言》等。显然，中国力图利用东盟这个区域合作机制，构建中国与东南亚地区的地缘区域新关系。在南海争端升温的情况下，中国提出南海“双轨道”战略，即主权争端由当事国谈判解决，而维护南海和整个地区稳定，则依靠与东盟合作。这表明中国对东盟作为区域合作组织的积极作用，特别是其在中国的周边关系与秩序构建中的特殊性给与了特别的重视。

从中国方面说，有了东盟，中国与东南亚国家的关系就有了一个新的大平台。为此，中国重视东盟的整体地位和作用，积极发展与它的关系，让它成为发展友好与合作关系的支柱，成为拓展综合利益和维护安全的重要战略依托。从区域关系和秩序构建的角度来认识，在周边，还没有一个地区像东盟那样有能力建设经济、安全与社会文化共同体。因此，中国重视东盟的地位和作用是理所当然的。不管出现多少波折，中国都要作出不懈的努力，使友好与合作的基础不可逆转。比如，2013 年，正是南海争端升温之时，中国还主动提出要搞自贸区

2018 年 12 月 16 日，中国（南宁）跨境电子商务综合试验区开区运营后，吸引大量顾客到场抢购。

升级版，与东盟构建命运共同体，继续谈判制定南海行为守则，签署睦邻友好条约，这足可见中国对东盟的战略意图是着眼于长期发展的。从这个方面来认识，东盟是中国构建周边新关系与秩序的一个“试验田”。

（二）推动区域合作进程

中国在周边认知中对东亚地区有特殊的地缘情结，“10+3”对中国来说包含清晰的区域观认知。当东盟于 1997 年邀请中日韩对话时，中国从一开始就表现得非常积极。这一方面是因为中国对东盟这个组织的重视，另一方面也是出于对“东亚区域主体性”的认知。从地缘上，包括东北亚和东南亚在内的地域，对中国来说才是东亚，是一个连成一片的共处区域。因此，中国对推动东亚合作表现得非常认真和务实。比如，在1998年“10+3”领导人对话会议上，中国就提议成立央行和财政部负责人的合作机制，此后，中国积极推动发表《东亚合作联合声明》，支持东亚展望小组的研究，主动提议牵头组织进行关于东亚自贸区的可行性研究，积极支持以金融货币合作为宗旨的“清迈倡议”，推动“清迈倡议”框架下的货币互换机制多边化，建立东亚外汇储备库以及成立东亚宏观经济办公室，并担任首任主任，等等。

当然，尽管创建了经济发展“东亚奇迹”，东亚并不是一个有很强内聚力的地区。比如，中日之间由于存在影响力与利益的竞争，对区域机制构建有歧见。20世纪60年代后，日本成为东亚的经济重心，面对快速发展的中国，日本拼力竞争，往往与中国“背道而驰”，并极力平衡中国的影响力。再则，东盟坚持“中心地位”，力图主导所有地区合作进程，坚守以“东盟+”为架构的对话合作机制，而对大

2019年2月1日，中国外交部副部长孔铉佑同日本外务审议官森健良在北京举行中日外交当局定期磋商及两国新一轮安全对话。

2019 年 2 月 14 日，“澜湄合作专项基金柬埔寨项目”在柬埔寨外交部举行签约仪式。

国主导保持警惕。还有，美国担心被排挤出东亚，损害其“主导性地位”，因而推动自己主导的机制，如跨太平洋伙伴关系协定（TPP）、印太战略等。出于多重力量的作用，以“10+3”为“主渠道”的东亚合作进程一波三折，实际上形成了多层机制并存的局面，这与中国起初对东亚的区域定位和战略设计大不一样。

其实，中国的“周边区域观”不仅包括东亚，中国也重视整体周边的大区域关系和秩序构建。基于周边大区的视角，中国在各个次区域，即东南亚、南亚、中亚、东北亚都作出了新的努力，积极推动形式不同的合作机制。中国开始超越“东亚中心”的地缘区域认知，以新的大周边地缘区域认知和战略来进行区域关系和秩序的构建。

亚太地区与中国的周边地区有直接的关系。从经济联系来看，亚太为中国提供了巨大的对外开放空间，是中国对外贸易的主要市场和外来投资的主要来源。从安全上的联系看，亚太是中国主要的安全与战略关注区域，尤其是需要处理好崛起中国与守成霸权美国之间的新型大国关系。因此，亚太作为一个区域，既为中国经济参与提供平台，又为中国处理政治与安全关系提供空间。

亚太经合组织（APEC）是中国经济参与的主要平台。APEC 实行自主自愿和协商一致的“APEC 方式”，这对中国来说是非常适合的。在加入 WTO 的谈判过程中，中国利用 APEC 平台，发布改革开放的措施，取得了很好的效果。同时，鉴于亚太地区的重要性，2014 年，中国借承办 APEC 系列会议，力推涵盖整个亚太地区的自贸区计划（FTAAP）。

尽管 APEC 是一个经济组织，主要的议程是推动亚太地区的市场开放与开展经济与技术合作，但它也具有很强的政治含义。它所提供的区域对话与合作框架，也成为开展外交活动的场所。为此，中国通过参与和推动亚太区域合作拓展安全与战略空间，让太平洋“容下中美两国”。从这个意义上说，APEC 也是中国处理复杂大国关系的一个重要平台。当然，亚太地区既是中国地缘利益的一个交汇点，也是处理大国关系的一个焦点，在美国占主导地位的情况下，区域性秩序构建存在巨大的分歧，美国对中国的作用和影响力保持高度的警惕。

（三）“上合组织”实现新跨越

上海合作组织是由中国推动成立的第一个区域合作组织。本来，它的基础是苏联解体后中国与俄罗斯以及从苏联分离出来的中亚国家处理外交关系的协商机制，中国与新生的俄罗斯和中亚诸国通过该机制确立了新关系，同时，也在合作中建立了相互信任。应该说，通过构建区域合作机制来推动中国与多个国家关系的发展，通过发挥区域合作组织的功能来构建区域的综合发展和安全环境，这是新中国成立后对周边区域认知的一个新的转变。

上海合作组织之所以能够聚同化异，是因为中国与俄罗斯和中亚国家找到了具有最大公约数的合作切合点——共同安全。尽管上合组织是一个以安全为主轴的合作组织，但它有别于美国、欧洲以及美欧之间建立的安全机制。上海合作组织不搞军事联盟，不搞军事扩张，而是在平等参与和协商的基础上，进行安全合作，创造共享的稳定与和平发展环境。这样的合作方式被认为是“在当代秩序之外的另一种温和的选择”，它的功能主要体现在解决成员国共同关心的安全问题，同时也成为维护欧亚地区安全的稳定器。《上海合作组织成员国长期睦邻友好合作条约》的签订是一个巨大成就，这是中国第一次与区域组织成员集体签订一项条约。

上海合作组织的发展是一个奇迹。之所以如此，一则是因为中国有明确的区域定位和战略；二则是因为中国、俄罗斯和中亚国家有共识，其中特别重要的是中俄有战略性共识；三是因为没有外部大国的直接干预。人们原来对上合组织的发展并不太看好，而现实的发展却

2018 年 6 月 10 日，上海合作组织成员国元首理事会第十八次会议在青岛国际会议中心举行。图为中国国家主席习近平会前同与会各方在迎宾厅集体合影。

2018 年 6 月 1 日晚，上海合作组织成员国民族舞蹈汇演在北京舞蹈学院上演。

远超预期。如今，它的吸引力在增加，功能在扩大，吸纳了新成员，还有些国家申请加入。

中国在上海合作组织的目标是什么？应该说现在可以说得比较清楚了，那就是渐进推动该组织的综合发展，使其成为一个新型的区域合作组织，以其为依托，创建和平、合作与发展的西部环境。随着上海合作组织规模的扩大和功能扩展，它会有更大的影响力，有助于拓展中国在大西部区域的影响力。历史上，中国西部与外部的联系主要通过古丝绸之路，区域波及中亚、西亚和欧洲。如今，借助上合组织和丝绸之路经济带的建设，中国获得更大的拓展空间，可以实现经济、政治和安全的综合利益。历史上，中国最不稳定的是西部，如今，还面临着新的安全威胁（极端宗教与分离势力）。中国力图通过这样的综合战略，构建稳定西部、发展西部、和平西部的长久机制。

（四）力求突破“东北亚困境”

在周边地缘区域中，东北亚的地位举足轻重。无论从哪个角度说，东北亚地区对中国都至关重要。二战后，中国只与苏联（部分东北亚）、蒙古和朝鲜有外交关系，后来与苏联关系恶化，与蒙古的关系也随之逆转。20 世纪 70 年代，中日实现关系正常化。冷战结束后，中国与韩国建交，与分裂后的俄罗斯实现关系正常化，与蒙古的关系也恢复正常。就双边关系而言，中国与所有的东北亚国家实现了关系正常化，但是，东北亚作为一个地区仍然是分裂的。历史的创伤，二战后留下的分裂结构，仍然没有弥合，中日关系陷入“战略性竞争”，朝鲜半岛的危局仍待破解。

中国曾经试图通过构建六方会谈机制来解决朝核问题以及东北亚的综合关系与长久和平问题，但是，出于复杂关系的掣肘，这个

2017 年 4 月 28 日，中国外交部长王毅在纽约出席联合国安理会朝鲜半岛核问题部长级公开会，代表中方发言。

2018 年 9 月 16 日，以“挖掘茶文化潜力　构建人类命运共同体”为主题的中日韩文化交流论坛第十四次会议在贵阳开幕。图为参会者在品茶。

机制运转不灵，半途停滞了。这是新形势下中国第一次从区域构建的角度试图创建东北亚的新区域关系与合作框架。朝鲜拥核改变了东北亚地区的关系结构和性质，朝核问题的症结是美朝关系和美国在朝鲜半岛的利益与战略意图。以区域框架一揽子解决朝核问题和朝鲜半岛的长久和平问题，仍需要双边和区域关系并行，需要美朝的政策调整，中国在推动东北亚地区新关系和秩序构建上的努力受到多重因素的制约。

中日韩合作机制是以经济链接利益为基础，中国原想将其作为主渠道，突破东北亚的“区域困境”。中国积极支持三国对话合作机制的发展，包括使三国在“10+3”框架下会晤的机制常态化，建立独立于“10+3”框架的三国峰会机制，并设立秘书处，推动三国自贸区的谈判，等等。中国对中日韩合作的这种进取性态度，体现了对东北亚区域重要性的认知。中日韩合作的致命缺陷是不稳定的政治关系。中日韩合作正当出现良好的势头时，却因为中日关系、韩日关系出现逆转而陷入困境，峰会停止，高层会晤减少，合作项目难以推进，尽管自贸区谈判进程仍然继续，但是难说不受到冷政治的影响。

中国的东北亚区域构建遇到的是政治问题，表明东北亚地区各方对构建区域性合作机制缺乏共识。不少专家提出了各式各样的有关东北亚区域合作的构想，其中最理想化的方案当属建立东北亚共同体。不过，构建东北亚共同体会遇到一系列障碍。迄今，中国的东北亚区域性机制构建的努力主要还是着眼于务实的功能性建设，即便如此，也遇到了很大的障碍。这表明，东北亚的区域分裂还需要更长的时间来弥合，同时，中国的区域性关系和秩序构建也需要采取多管齐下的战略。

（五）寻求与南亚的区域利益共同点

在中国的周边区域认知里，南亚地区的重要性凸显，一则因为印

2018 年 12 月 22 日，“携手 –2018” 中印陆军反恐联合训练在成都圆满落幕。图为装备展示。

度是一个崛起的发展中大国，要与其构建新型的发展中大国关系，二则因为印度洋对中国具有越来越重要的意义，需要建立开放与合作的海上之路。一个稳定、开放、发展与友好的南亚地区符合中国的利益。就双边关系而言，尽管中国与南亚国家都较早实现了关系正常化，但是，关系结构差别大。中国与印度的关系因为领土争端复杂多变，中国与巴基斯坦发展起了“全天候”的合作关系，中国与斯里兰卡、孟加拉以及尼泊尔的关系也取得新的发展。印度对中国加强与南亚其他国家关系一直很敏感。中印两国不仅存在领土争端，也有发展崛起的竞争因素。

理想的结构是中国与南亚整体构建合作机制框架。南亚地区成立了区域组织——南亚区域合作联盟（南盟，SAARC），亦构建了自贸区。中国希望与南盟建立合作关系，得到巴基斯坦、孟加拉等南盟成员的支持，但印度开始表示反对。只是在其他南盟成员的大力支持下，中国才在2006年与日本（印度坚持必须同时吸纳日本）一起，被接纳为南盟的观察员。从未来发展看，中国加入南盟几无可能，中国自身也不会考虑加入，最理想的发展是与南盟建立“1+8”（中国主持），或者“8+1”（南盟主持）的对话合作机制。

2014年9月习近平访问印度，与新当选的印度总理莫迪达成许多重要共识，“从战略和全局的角度看待中印关系”，以深化发展伙伴关系为核心，“进一步夯实面向和平与繁荣的战略合作伙伴关系”。中印关系的拉近，构建发展伙伴关系，对于中国推进与南亚地区合作机制构建提供了新的环境。

综上所述，从中国的区域参与和构建实践中可以看出，中国的区域观认知也在根据区域实际的发展和中国本身的发展进行互动调整。一个明显的趋势是，中国更多地从以东亚为中心的参与转向以周边整体为基础的全面规划与构建，也就是说，中国越来越清晰地回归其地缘区域的本源认知：中国－周边关系。尽管周边被分割为多个次区域，各次区域有着不同的特点、不同的关系架构，对中国来说，都是山水相连的周邻之邦，有着不可割舍的共生利益基础，有着长久的历史积淀，以多样性的经济、政治、安全和社会文化联系相连接，放眼开来，是一个具有整体性和全面性的地缘区域。这是近代以来在中国转强新形势下的一种区域认知回归。

二、历史长进程中的命运共同体构建

习近平在2013年召开的周边外交工作座谈会上强调，无论“从地理方位、自然环境还是相互关系看，周边对我国都具有极为重要的战略意义。思考周边问题、开展周边外交要有立体、多元、跨越时空的视角”，“要本着互惠互利的原则同周边国家开展合作，编织更加紧密的共同利益网络，把双方利益融合提升到更高水平，让周边国家得益于我国发展，使我国也从周边国家共同发展中获得裨益和助力”，“让命运共同体意识在周边国家落地生根”。中国国家领导人对周边发表这样的新认知足以表明，中国开始把周边作为一个整体来思考、定位和营造。鉴于中国具有众多的周边国家，构成独特的周边关系和地缘格局，周边地区是中国维护国家权益的重点，是发挥大国作用的首要选择，也是中国提升国际地位的主要支撑点与战略依托。把周边地区作为中国走向大国、强国之路的战略依托带，构建基于共同发展、共同安全的命运共同体，这是对周边地区的一个全新认识。它意味着，让周边地区不再是中国安全威胁的根源，不再是麻烦不断的包袱，而是发展和安全的依托带，是休息与共的命运共同体。

将周边地区构建为中国崛起的战略依托带，一是要发展好双边关系，稳定关系大局，扩大好邻居阵线；二是要以区域合作机制为平台，打造综合利益基础。这需要进一步加深中国与周边国家在经济上的紧密连接和相互依赖，这包括：中国成为大多数邻国的最大贸易伙伴、加大中国对周边国家的投资等等，由此构建起中国与周边国家共享利益的坚实基础；在政治安全上，要通过区域性的各种合作机制，与周边国家开展对话协商和发展合作，建立基于共同安全的新型安全机制。

中国实力由弱变强必然导致地区关系的重大而深刻的调整。一则，中国实力变强后对自身利益的诉求必然增强，必然会拓展自己的利益空间，这实际上是要改变“现状”；二则，居于主导地位的美国力图调动多种资源，以更大的力度防范和制约中国崛起，在其对华“接触加防范”的两面政策中，防范的一面明显上升；三则，相邻国家采取对冲对策，缓解中国快速崛起带来的挑战。尽管各国的对策不尽相同，但大都是两手：一手是发展与中国的关系，另一手是对中国加以防范。特别是像日本这样的地位衰落的国家与中国存在“战略性竞争”，那些与中国存在领土领海主权争议的周边国家备感中国崛起的压力与威胁，为此，权衡如何应对一个强势中国，把防止中国做大、防止中国侵犯其既有利益作为战略重点。

在此情况下，中国周边地区出现了一些新的紧张局面，东海、南海地区的矛盾似乎有些剑拔弩张，有发生武装冲突的风险。不过，固然一些矛盾升温带来风险，对中国所处的周边环境产生不利的影响，但中国对总的局势还是可以把握得住的。应该说，目前是近代以来中国掌控周边大局能力最强的时期。随着国力上升，中国可以通过自身的努力改变局势走向，通过自身的运作制约局势恶化，利用不断提升的实力和影响力推动地区关系向良性的方向发展，并且在调整中构建新的发展和安全地区秩序。对中国来说，构建秩序的目标不是获取霸权，不是建立以自己为中心的势力范围，而是塑造一个稳定、和平、合作、发展的地缘区域综合环境，有利于实现民族复兴之梦。

命运共同体的构建主要基于两个合作框架：一是合作发展，构建中国与周边国家开放与合作的发展机制，建立开放与合作的大市场，建设互联互通大网络，让周边国家优先从中国不断增大的经济实力中受益，增大其发展对中国市场和投入的依赖性；二是合作安全，建立中国与周边国家的安全对话、协商与合作机制，打造基于共同安全、共担责任的新安全合作机制，以合作的精神和共同安全的宗旨处理争端，降低发生冲突的风险。

地缘联系赋予中国构建周边大互联互通网络的特殊地位和作用。互联互通网络犹如周边利益和命运共同体肌体的动脉，有了它才可以有生命力和能动性。因此，在深化中国与周边地区国家的市场开放与发展合作中，构建互联互通网居于核心地位。2013 年，中国提出建设“丝绸之路经济带”和“21 世纪海上丝绸之路”新倡议。“丝绸之路经济带”以推动中国西部陆地开放发展为基轴，拓展向西部延伸的巨大区域空间，构建从中亚到欧洲的广阔开放合作经济区；“21 世纪海上丝绸之路”旨在推动建设开放与合作的海上大通道和创建沿海国家间的经济合作与发展新动力。

比较而言，欧洲构建共同体是靠制度建设，而中国与周边邻国构建命运共同体则不同，它所体现的是一种共生理念，一种共利的关系，一种多层次、多样性的开放合作框架。命运共同体存在于各种复杂交错的关系之中，构建所依托的是基于共同利益的合作共处，因此，这样的共同体既体现于现实之上，也存在于过程之中。作为命运共同体，其突出特征是共享发展成果，实现合作安全和人民的和谐相处，把实现中国民族复兴的“中国梦”与别国的强国之梦连接起来。① 这与以往中国所提倡的“和谐世界，和谐周边”是相联系的。②

当然，中国地缘区域观的回归和区域秩序构建是一个长历史进程，

①习近平在出访时把“中国梦”与“美国梦”“韩国梦”“亚太梦”等都尽可能地联系起来，以表明中国的开放性与合作意愿。

②中国共产党十八大报告提出人类命运共同体的概念，提出人类只有一个地球，各国共处一个世界，要增强人类命运共同体的意识。见胡锦涛在中国共产党第十八次全国代表大会上的讲话，http://www.xj.xinhuanet.com/2012-11/19/c_113722546_11.htm。

需要周边国家的理解、认可与支持。在如今复杂多变的世界，要实现这种“和谐”与“大同”并非易事，既需要时间的考验，也需要进程的检验。

结 语

中国与周边地区的关系经历了重要的转变。其一，中国经历了由要求别国接受一个“改革开放的中国”，到接受一个“崛起大国的中国”的重要变化；其二，中国由被动应对来自外部的压力或者冲击，到主动营造环境和构建机制与秩序的转变；其三，中国与周边国家的关系由简单到复杂的转变。在此情况下，中国的周边区域观回归和周边关系与秩序构建面临新环境、新机遇和新挑战。

尽管中国与周边国家早期历史上形成的关系结构在近代发生了根本性变化，但中国与周边国家之间也存在着割不断的历史联系与继承，而这种历史的交叉与当代的变迁又往往成为当今中国与一些周边国家关系的矛盾点。近代中国遭受外强的进犯、侵略，留下历史的伤痛，“历史不能忘记”，但需要智慧实现新时代下的和解与合作。如中日关系，历史和解与两国力量的对比转换交织，需要把握“竞争性合作”的节拍，增加共利和共识点。如朝鲜半岛问题与中国有直接的地缘与利益关系，但涉及诸多因素，需要以新理念引领走出对抗，走向和平的进程。还有些新的“热点问题”，如海上多重力量的竞争和海上争端升温，需要把握大局，创新方式。

因此，中国的亲、诚、惠、容新政策的落实和新形象确立还是需要时间的，需要作出不懈努力。周边区域观回归是中国地缘区域认识论的必然转变，也是中华复兴的一个必然结果。中国要以命运共同体的新理念来推动新关系和新秩序的建设，与周邻国家一起共同努力构建。中国一再宣示，坚持走和平发展的道路，不走传统大国崛起的道路，不争霸、不称霸，和平解决争端，实现合作共赢等，这些都是以往任何崛起大国没有承诺过的。中国既然敢于承诺，也就有信心和意志坚持做下去。“功到自然成”，对此要有自信。

作者张蕴岭，中国社会科学院学部委员，山东大学特聘人文社会学科一级教授。

理解中国特色大国外交

张清敏

本文在回顾学界对中国外交特色或特点研究的基础上，把中华人民共和国外交放在中国与世界关系的历史背景下，从大国外交与小国外交比较角度分析中国大国外交的特色，根据广义和狭义外交的不同概念，探讨中国政治制度和文化传统所塑造的对外政策的特色以及落实对外政策的外交手段所展现出的风格，试图从更全面的视角认识中国大国外交的特色，以期对当代中国外交有更好的理解。

一、关于中国外交特色的不同观点

特色是一个事物或一种事物显著区别于其他事物的风格、形式，是由事物赖以产生和发展的特定和具体的环境因素所决定的，是其所属事物独有的。每个国家的历史传统、地缘环境、社会风俗、政治制度都不一样，这种不同决定了国家的特色。国家对外政策目标不同，在落实对外政策过程中外交行为和方式也有差异，这些既是国家间差异的结果，也是国家特色的表现。对中国外交特色的研究，并不是一个新的话题，而是一直广受关注。

钱其琛主编的《世界外交大字典》把外交特色界定为“政治家、外交家在长期的外交活动中所表现出的气度与作风，它常是一个国家精神面貌的反映，也是政治家、外交家的个人思想、教养、品德和作风的形象表现”。研究中华人民共和国外交的老一辈学者，在研究中国外交的过程中一直把中国外交的特色和风格作为一个重要的议题，也有学者从中国对外政策形成的角度探讨中国外交的特色。在 2014 年 11 月召开的中共中央外事工作会议上，习近平提出“中国必须有自己特色的大国外交”后，媒体开始广泛关注这个议题，也带动学界的众多研究。中国学术期刊网上可以看到，近期关于中国外交特色和风格的研究，多达两百多篇。从已有的研究成果可以看出，到底什么是中国外交的特色，或者说如何认识中国外交的特色，学界并没有统一的认识，甚至对外交概念的理解也有所不同。

特色只有在比较中才能看得清楚，包括纵向的历史比较和横向的跨国比较。全面理解当今中国外交的特色，既需把中国外交放在中国近代对外关系历史中，从历史比较的视角看到其变与不变的特色，也需要从全球视角观察中国外交与其他国家外交的不同所体现出的特色。特别是在提到大国外交特色的时候，不仅需要比较大国和小国外交的一般不同，而且需要将中国与历史上或当前世界上其他大国外交

2019 年 2 月 9 日，第三届冰上龙舟节在加拿大首都渥太华举行，中加外交官联手组队参赛。

2019 年 2 月 2 日，泰国诗琳通公主出席中国驻泰使馆“开门过大年”活动。

进行比较，只有在这样的基础上，才能理解中国外交的大国特色；既要采用广义外交的概念，把对外政策的特色考虑在内，也需要采取狭义的外交概念，注重作为落实国家对外政策的过程、方式和手段的外交的风格和特点。

二、中国外交的历史特色

中国外交的特色是由中国的历史文化、地缘政治和社会经济发展状况的特色所决定的，是中国区别于世界其他国家的根本要素。强调中国特色本身就是中国特色的一个显著体现。作为世界四大文明古国之一，中华文明与其他文明在多个方面的不同决定了中国的特色。比如特殊的地理位置，导致中国与世界其他主要文明没有大规模冲突和融合，塑造了以中国为中心的华夷体系，以及由中华文明所处的地缘位置所决定的历史连续性。这种特殊性决定了传统的以中国为中心的华夷体系与近代西方形成的威斯特伐利亚体系不同的显著特色。后者认为国际社会是无序的，民族国家主权平等是这个社会的基本原则；前者则是以中国为中心的相对和谐的等级制度。后者试图将自己的体系扩散到其他地区，前者仅仅以东亚为中心，随着实力的兴衰而扩展和收缩。但是，西方体系不断向外扩张与东方体系的衰落不期而遇，如何应对西方体系的冲击，并作出反应，即费正清所说的“冲击－反应”模式，在很大程度上是中国接受西方体系的观念、制度和行为方式的过程。在这个过程中，如何保持中国价值观念、政治制度和行为方式的特色，在多大程度上接受西方的观念、制度和行为方式，成为近代以来中国对外关系的主线。

18世纪末期英王特使觐见乾隆皇帝的外交交涉可以被看作中西外交关系的开端。这个过程中的礼仪之争所反映的是哪一种行为规范更具有普世性而被接受，哪一种行为方式更具有特殊性而应该改变。也就是从这个时候开始，保持中国特色和接受西方行为规范一直成为中国政府对外关系的主线。洋务运动是第一个将西学和中学结合起来的尝试。洋务运动失败后，从康有为和梁启超领导的戊戌变法到孙中山领导的辛亥革命推翻了清王朝的封建统治，按照西方模式建立的中华民国，几乎照搬了西方政治制度。这个过程是一个放弃中国文化、制度的普世性，按照西方的模式彻底改变中国的过程。

中华人民共和国成立后，中国与外部世界的关系也经历了由以“一边倒”为表现形式的“西化”，到陷入孤立后强调中国模式，再后来形成了实现中西结合并保持中国特色的过程。如果从历史的视角看，中国外交特色这一命题的提出是历史上中国与世界关系主题的延续，是中国特色社会主义进入新时代后新的要求。今天强调中国外交的特色，就是总结崛起以后中国外交的实践经验，在强调中国外交特色的同时，又强调中国道路的普遍意义，这是一种自信心的表现。

三、中国外交的民族特色

大国有大国外交，小国有小国外交。比较大国和小国外交的差异，是理解中国特色大国外交的另一个角度。地缘和历史等因素决定了国家间的差异。世界上的国家有大小，实力有强弱，国家的大小、强弱决定了国家在国际社会或国际关系中地位的差异。从权力政治和国际关系的角度看待，大国和强国可以为所欲为，小国和弱国只能为其能为。以大欺小、恃强凌弱的丛林法则在现实国际政治中司空见惯。

从外交的角度看，情况则有所不同。外交是主权国家的行为，没有主权平等，就不可能有外交。外交在本质上不是权力政治的补充，而是以国际法和其他国际规范为基础，以和平的手段来追求国家的目标和利益，实现和平的一种方法。因此，从外交上看，不管大国还是小国，都是国际社会的一个平等的成员，大小国家一律平等是最基本

2017 年 11 月 8 日，中国国家主席习近平和夫人彭丽媛在故宫与来华进行国事访问的美国总统特朗普和夫人梅拉尼娅共同欣赏京剧表演，并与演员合影。

2018 年 9 月 4 日，中国国家主席习近平夫人彭丽媛在北京出席“中非携手抗艾　共享美好未来”主题会议，与非洲国家元首、政府首脑夫人共同发布《中非艾滋病防控主题会议联合倡议》。

的外交规范。

如果比较外交在大国和小国国家战略中的地位，比较它们各自对外政策和外交的特色，可以看出，中国在国际上的主张一直是倾向于小国外交，一贯强调国家不分大小强弱，一律平等，“反对霸权主义、强权政治，反对以大欺小、以强凌弱、以富压贫”。主张大小国家一律平等，反对霸权主义和强权政治，是中国外交的旗帜，为中国赢得了国际尊重和声誉。在强大之后提出要追求大国外交，必须厘清这个大国外交的含义。

从综合实力上看，中国已经成为一个名副其实的大国。中国国内生产总值（GDP）稳居世界第二，对全球经济增长年均贡献率达到 30% 以上，中国是联合国维和经费以及联合国经费第二大贡献者，也是安理会常任理事国中派出维和部队最多的国家，是一个名副其实的大国，但是，中国特色的大国外交主要有三个层面的含义。

首先，中国是世界上最大的发展中国家，中国的大国地位是发展中大国，这是对中国大国的基本定位。改革开放前，中国在对外关系中就强调，“中国永远站在第三世界一边，中国永远不称霸，中国也永远不当头。”如今中国经济总量处于世界第二位，但中国的人均国内生产总值仍然处于世界 80 位以后。因此，中国作为发展中国家的地位没有变，而且这种定位短期内不会改变。中共十九大报告提出，“必须认识到，我国社会主要矛盾的变化，没有改变我们对我国社会主义所处历史阶段的判断，我国仍处于并将长期处于社会主义初级阶段的基本国情没有变，我国是世界最大发展中国家的国际地位没有变。”中国国家特性的这个特点决定了中国的大国地位与其他追求霸权主义的大国是不一样的，今天中国是一个发展中的大国，将来无论如何发展都不会放弃发展中大国的地位。

其次，反对霸权主义是中国的一项国策，承诺绝不称霸是中国历代领导人对中国人民和世界人民作出的承诺。早在 20 世纪 70 年代，中国就承诺，中国是大国，但中国绝不称霸，绝不走强国必霸之路。2015 年 9 月，习近平访美期间在美国华盛顿州西雅图市出席当地政府和美国友好团体联合举行的欢迎宴会，并在演讲中表示，“中国人 2000 多年前就认识到了‘国虽大，好战必亡’的真理。中国历来奉行防御性国防政策和积极防御的军事战略。我愿在此重申，无论发展到哪一步，中国永远不称霸、永远不搞扩张。”十九大报告再次明确表示，“中国无论发展到什么程度，永远不称霸，永远不搞扩张。”中国政府这个承诺是中国不同于历史上其他大国的重要外交特色。

最后，中国特色大国外交与人类历史上传统的大国外交有着本质区别。也就是说，中国外交的特色是由中国外交所提出的基本政策理念体现的，如强调建立以合作共赢为核心的新型国际关系，推动构建不冲突不对抗、相互尊重、合作共赢的新型大国关系，突出亲诚惠容的周边外交理念和真实亲诚的对非工作方针，强调树立正确义利观，倡导共同、综合、合作、可持续的安全观等。这些对外政策以及落实这些对外政策方式的特色和风格，是中国特色大国外交的主要体现，也是本文随后主要讨论的内容。

四、中国外交的制度特色

外交具有共性，不同的国家都可以利用外交手段来实现自己的对外政策目标。因为“不同国家的对外政策不同，甚至截然不同，所以外交对于所有国家虽同为实施本国外交政策的手段，但不同的外交政策却决定了不同国家所从事的外交的性质、内容、风格和方法，这就形成了形态和类别迥异的外交”。也就是说，国家对外政策的不同是决定国家外交不同的根本要素，对外政策的性质、内容的不同导致外交的风格和方法有所不同，也就产生了不同类型国家的不同形态的外交。观察和分析外交特色和风格，需要采取广义外交的概念，从国家对外政策的特色和风格入手。

中国对外政策的特色和风格，决定了中国外交的特色和风格。在习近平提出中国外交要有特色的讲话后，《人民日报》发表社论指出，中国外交的特色就是“中国外交必须坚持中国共产党领导和中国特色社会主义”，并称对当前的中国外交工作来说，“这是最根本的一条”。2018年6月召开的中央外事工作会议指出，“外交是国家意志的集中体现，必须坚持外交大权在党中央。”新时代中国特色社会主义外交思想的第一点，就是“坚持以维护党中央权威为统领加强党对对外工作的集中统一领导”。

中国外交的特色是由中国社会主义的特色所决定的。中共十九大报告进一步明确提出，“中国特色社会主义最本质的特征是中国共产党领导，中国特色社会主义制度的最大优势是中国共产党领导。”2018

2017年8月31日，“中国共产党的故事——创新驱动转型发展”专题宣介会在北京举行。图为江苏省委书记介绍江苏省创新驱动、转型发展的故事。

年新修订的宪法也把“中国共产党领导是中国特色社会主义最本质的特征”纳入其中，毫不含糊地表明了中国社会制度的特色。

中国共产党对中国外交的领导首先是思想领导。2018年6月召开的中央外事工作会议系统总结了十八大以来中国外交的理念和实践创新，确定了习近平外交思想“是以习近平同志为核心的党中央治国理政思想在外交领域的重大理论成果，是新时代我国对外工作的根本遵循和行动指南”，是中国外交的指导思想。杨洁篪强调，“中国外交将始终全面贯彻习近平新时代中国特色社会主义思想”；“要以习近平新时代中国特色社会主义思想为行动指南”，要“深刻领会和全面贯彻习近平新时代中国特色社会主义思想”，要“着力在学懂弄通做实习近平新时代中国特色社会主义思想上下功夫”。

中国共产党对外交的领导体现在其历次代表大会的政治报告中关于外交工作的内容，明确中国对世界形势的判断和看法，确立一定时期内中国共产党对中国外交工作的指导思想、基本布局和基本原则。此外，中共中央定期或不定期召开不同类型的外交外事工作会议，具体部署中国在相关专题上的路线方针和政策。中共十八大以来，以习近平为核心的党中央加强了党对外交工作的思想领导，除了每年年底召开驻外使节会议外，2013 年 10 月召开了周边外交工作座谈会，2014 年 11 月和 2018 年 6 月两次召开中央外事工作会议，2015 年 1 月召开了全军外事工作会议和第十六次武官工作会议。这些会议规格高、规模大，参会人数多，统一了中央和地方主要涉外部门在相关外交和外事问题上的思想，确立了新时代中国外交的相关原则，统一了中国外交的指导思想。

中国共产党对外交工作的领导是组织领导。中国共产党的领导是中国外交制度的最大特色。为了确保党中央对外大政方针和决策部署及时得到贯彻落实，中央统一部署，对中国对外工作体制和机制进行改革，增设新的机构，完善相关法律，推动涉外部门的协调机制建设，理顺部门之间的合作。如中共十八大以来成立了中央全面深化改革委员会和网络安全和信息化委员会，以加强在经济和安全领域的全局统筹、协调与合作。2013 年成立的中央国家安全委员会，作为中央关于国家安全工作决策和议事的协调机构，加强对国家安全工作的集中统一领导，统筹协调涉及国家安全的重大事项和重要工作。

中国共产党第十九届中央委员会第三次全体会议通过的《中共中央关于深化党和国家机构改革的决定》确立的党和国家改革方案，为实施党对新时期包括外交工作在内的各项工作的领导提供了制度保障。例如，该决定把包括中央外事工作领导小组在内的多个小组改为委员会，把属于一种“阶段性工作机制”，非严格意义上的议事、咨询和协调机构的领导小组，改变为成建制的固定的实体性组织，职能更加全面，机构更加规范，运行更加稳定，组织更加健全，确保党的外交路线方针政策得到实施，成为未来外交工作的组织保障。

经济外交、公共外交、文化外交等各个领域的外交工作，都是“党和国家总体外交的重要组成部分”，都要毫不动摇地坚持党的绝对领导。不同行为体在不同领域开展的对外交往都是党领导下的外交工作的一部分。中国外交的这一制度特色确保不同领域内、不同行为体参与的外交工作能够得到统筹协调，取得成功，因而中国共产党的领导是中国外交的特色，也是中国外交的优势。

五、中国外交的文化特色

文化是国家特性的重要方面，具有民族国家的鲜明特色，影响一个国家对外政策的决策，因而文化是对外政策分析的一个重要的视角。文化也影响落实国家的对外政策的具体行为，进而赋予一个国家外交手段和方式鲜明的民族特色。如果说外交制度是对外政策制定和落实的组织保障，文化则是一个国家对外政策的精神源泉，文化特色是一

2018 年 1 月 14 日，由中国国际友好文化节组委会主办的第 20 届驻华使节霓裳展演在北京举行。

个国家外交的根本底色。

中国具有悠久的历史和丰富的文化传统。受其影响，中国对外政策和对外行为方式具有不同于其他国家的显著特点。改革开放以来的趋势是，文化因素对中国对外政策的制定和落实对外政策的外交手段的影响越来越显著。学界提出要建设有中国特色的国际关系理论，越来越多的学者撰文探讨中国外交的思想“底色”，特别是中国文化的某些内涵与当代中国外交的某些方面之间的联系。总体看，中国外交的文化底色越来越浓了。

第一，中共十八大以来，中国文化被确立为中国外交的指导思想之一，成为中国对外政策的重要思想源泉。习近平在 2014 年提出中国必须有自己特色的大国外交后，《人民日报》发表评论员文章指出，“中国外交理念……继承了新中国外交优良传统……汲取了中华优秀传统文化精华，必将指引中国外交乘风破浪，不断夺取新的胜利。”另一篇社论更加明确地提出：“中国外交必须坚持传统价值。人与人的交往，国与国的交往，谁都不喜欢对方颐指气使、飞扬跋扈。中华文化崇尚和谐，以和为贵，与人为善，己所不欲、勿施于人等理念深深植根于中国人的精神中。”

五千年中华文明源远流长，博大精深，为中国开展公共外交提供了丰富的思想和智慧来源。冷战结束后，中国不少对外政策的主张、倡议和政策宣示都来自中国文化。如近年来中国外交中诸如“和为贵”“亲仁善邻”“和衷共济”“己不所欲，勿施于人”等思想；习近平提出的对周边国家“亲、诚、惠、容”的理念；对非政策要树立正确的义利观，体现“真、实、亲、诚”的理念；丝绸之路经济带和 21 世纪海上丝绸之路（即“一带一路”）倡议无不源于中国历史和传统文化。

第二，中国外交的文化特色还体现在中国对外政策的基本主张和落实对外政策的外交方式具有显著的中国特色或中国文化痕迹。如五千年的中国文化具有开放包容、兼收并蓄的特点，在中国对外政策主张上的反映就是，中国在国际上反对文化冲突、文化霸权主义，主张文化多样性。习近平在纪念孔子2565周年诞辰国际学术研讨会上援引中国古语“物之不齐，物之情也”，提出“世界万物万事总是千差万别、异彩纷呈的，如果万物万事都清一色了，事物的发展、世界的进步也就停止了”。因此，必须坚持“维护世界文明多样性”。2014年3月27日，习近平在联合国教科文组织总部发表演讲时详细阐述了中国对文明交流互鉴的看法和主张。他指出：“文明是多彩、平等和包容的，中华文明是在中国大地上产生的文明，也是同其他文明不断交流互鉴而形成的文明，我们要推动不同文明相互尊重，和谐共处。”这一政策主张具有显著的中国特色。

在落实对外政策的外交行为方式上，中国的文化特色也非常显著。如中国文化中有尚礼仪、重感情、爱面子、讲关系等传统。在无政府

2015年11月13日，以“丝绸之路旅游”为主题的中国国际旅游交易会在昆明开幕。图为参展商散发宣传品。

状态的国际社会处理国家间外交关系时，中国的外交行为也往往表现得重感情、轻利益，强调道义原则，推崇礼尚往来，注重分清敌友；在处理与其他国家的关系方面往往以这些国家与自己主要敌人的关系如何来确定，在外交史上的表现就是“以美划线”“以苏划线”以及建立“反霸统一战线”等，这些都是中国关系文化在中国外交中的体现。

有人认为，外交就是谈判。研究中国外交谈判方式的学者指出，相对而言，西方国家的谈判往往是通过谈判达成基本原则，中国则先是在一些基本原则上达成协议，然后进行谈判，即所谓通过原则进行谈判。亨利·基辛格（Henry A. Kissinger）也提出，西方国家在谈判中是以“切香肠”的方式一点点作出让步，中国则是一下提出底线或基本，直到对方接受中国的底线。他将这种谈判方式叫作“中国特色的谈判方式”。这些特色在中美建交和中苏关系正常化过程中都有显著的体现。

第三，文化元素和文化特色更多地体现在中国外交实践中，直接赋予中国外交中国文化风格和特色。2004 年，中国在韩国开设世界上第一所孔子学院。截至 2017 年 12 月 31 日，中国已经在全球 146 个国家（地区）建立了 525 所孔子学院和 1113 个孔子课堂。孔子学院成为中国文化走出去以及中外文化交流的重要平台和中国文化外交的首要品牌。在双边关系中，中国在互惠的基础上，与不少国家举办“文化年”“文化月”“文化周”等类似的文化交流与合作，增进沟通，谋求共同发展。

文化成为拉近相互之间的距离，增进中国与不同国家人民之间的相互了解和理解的中介。习近平主席在出访期间担任推介中国文化的大使，介绍中华书画、京剧、中医等中华传统文化，在参加文化活动中，引经据典，讲述中国故事。这些内容大大增加了中国外交活动中的中国文化元素，增加了中国外交的文化特色。

随着中国更多地参与国际社会，中国对外关系行为的国际化趋势也会进一步加强。在这种背景下，中国外交中文化要素和文化特色的增加，是全球化背景下保持自我意识和自我认同的必然要求。因此，中国外交中文化要素的增加和文化特色日益显著，反映的是中国在国际化过程中文化自觉意识的一种表现。从这个意义上说，随着中国进一步融入国际社会，中国外交的文化特色会更加显著。

六、外交形式和领导人个性特色

国家间对外政策的不同是国家外交显现出特色和风格的一个原因。受社会经济和科技发展水平的影响，作为落实对外政策手段的外交也会显示阶段性特点。横向看，中国特色的社会主义制度及其对外政策决策制度和历史文化秉性，决定了中国外交鲜明的中国特色和风格。纵向比较，在不同的国际和国内环境下，在不同的领导人执政时期，中国外交也显示出不同代际领导人的特色。从这个角度看，十八大以来的中国外交的特色和风格也是显著的，主要体现在外交的形式和在这些外交形式过程中具体外交礼宾礼仪所显示出的领导人个人风格特点。

十八大以来中国外交的最为显著的特色和亮点，是日益活跃的首脑外交。这虽然是全球化背景下各个国家外交实践的共同特点，但从历史的角度看，首脑外交在中国外交中地位的上升只是冷战结束以后的事，中共十八大以后达到了中国历史上的新高度。第一代领导集体的核心毛泽东一生只出访过两次，都是去社会主义苏联。从 1949 年到 1976 年，中华人民共和国外交的奠基者周恩来在担任总理期间 64 次出访，访问了 29 个国家，包括非洲 11 国、亚洲 10 国、苏联东欧 8 个国家。作为第二代领导集体核心的邓小平在改革开放以后的出国经历包括 1978 年访问了缅甸、尼泊尔、朝鲜、日本、泰国、马来西亚、新加坡 7 个周边国家，1979 年访问美国并在回国途中顺访日本。此后，用他自己的话说，他“已经完成了出国访问的历史任务”，“决心不出国了”。从1989年到2002年，第三代领导核心江泽民共出访了73个国家。在担任国家最高领导人期间，胡锦涛总共访问了86个国家。在第一任期内，习近平主席去过57个国家，或进行正式国事访问或参加国际多边峰会。十八大以来新一届领导人出访频率之高、在外交舞台上之活跃，极大地提高了首脑外交在中国外交中的地位和作用。

与此同时，在习近平担任国家主席的第一个任期，中国接待了110多位外国元首访华。在这个时期内，中国政府所组织的主场多边外交多是以峰会的方式召开的，也被称为主场多边首脑外交。如有21个亚太经合组织经济体的领导人参加了2014年在北京举行的亚太经合组织第二十二次领导人非正式会议；有20个成员国的国家元首或政府首脑、8个嘉宾国领导人以及7个主要国际组织的领导人参加2016年二十国集团杭州峰会。2017年在北京召开的“一带一路”国

2019年1月14日，中国国家主席习近平同芬兰总统尼尼斯托在北京共同出席“2019中芬冬季运动年”启动仪式。

际合作高峰论坛，更是有 29 位外国国家元首和政府首脑与会参会，创造了中国外交史上的纪录。每次会议都取得丰硕成果，每次峰会的成功都是中国多边外交的巨大成功，每次会议过程中所展现的优良的会议服务，有力有序、精心细致的会议组织，体现了世界水准，形成了高端大气的大国特色，展现了中国的文化特色以及大国外交风格和气派。

元首外交是国际交往的最高形态，有着其他交往形式无法替代的作用和战略价值。例如，习近平在频繁出访和参加多边外交场合时，发表主旨演讲，阐述中国政府的立场和主张，就热点问题给出中国方案，传递了开放合作、平等互利、创新发展的中国声音，直接展现了中国的对外政策和外交风格。通过首脑外交建立起来的领导人个人之间的友谊，成为中国与相关国家关系的稳定器和火车头，是当前中国外交的主要形式和特色。

中国是文明古国、礼仪之邦。围绕国家领导人出访和出席多边国际会议以及外国领导人到中国访问等契机，特别是对于中国举办的多边峰会主场外交，对外交礼宾制度进行多次调整和改革，统筹安排各项公共外交活动，增加了首脑外交的庄重感，提高了媒体和公众对首脑外交的关注度，进一步展现了中华民族崇礼尚义、热情友好、宾至如归的待客之道，彰显了大国威仪、风范和气度。

平等互惠是当代外交的基本规范，“来而不往非礼也”是中国文化的优良传统。在改革外交礼宾礼仪，提高迎接外宾规格的同时，中国领导人在出国访问过程中也不断受到“高规格”或“超高规格”的“历史上最为隆重的待遇”，接受了十多个国家元首授予的最高荣誉勋章，体现了相关国家和组织对中国国家元首以及中国政府和人民的尊重和赞誉，是吸引公众更多关注、了解和认识中国外交的主要渠道，因而也成为当今中国外交最为引人注目的特色。

七、结语

世界外交的共性是由不同国家的外交特色所构成的。中国外交既具有外交实践普遍的和共同的特点，如对独立自主原则的坚持，对和平手段的强调，对对外政策性质的依赖，受国内政治的影响等；也有鲜明的中国特色。这些特色体现出中国外交在坚持和实施当代外交普遍原则时，由于历史的、民族的、文化的和个人的差异，在具体外交实践中与其他国家的不同。这些特色构成了有中国特色社会主义制度的重要组成部分。

中国外交的特色是在中华人民共和国成立以来 70 年，特别是改革开放 40 年来的中国外交实践中体现出来的。但在不同的历史时期，由于国内外环境不同，中国的对外政策有差异，这些特色显现出鲜明的阶段性和领导人个人特点。今天强调的中国外交大国特色，是在中

2015 年 10 月 11 日，观众在第七届“大爱无国界”国际义卖活动上参观俄罗斯展台。

国崛起的大背景下提出的，具有新的时代内涵，其主要特色、风格和气派，不仅体现在中国对外政策的宣示中，而且更多地体现在中国落实对外政策的外交实践和外交方式中。随着中国崛起，中国与世界的互动将更加频繁，中国与世界的联系将更加密切，中国外交将更加活跃，中国外交的特色将在中国与世界互动的外交实践中得到进一步的丰富和充实，得到更加鲜明的展现。

作者张清敏，北京大学国际关系学院外交学系系主任、教授。